T0401965

Praxishandbuch Soziale Medien in der öffentlichen Verwaltung

Ines Mergel · Philipp S. Müller
Peter Parycek · Sönke E. Schulz

Praxishandbuch Soziale Medien in der öffentlichen Verwaltung

Dr. Ines Mergel
Syracuse University, New York, USA

Dr. Peter Parycek
Donau-Universität Krems, Österreich

Dr. Philipp S. Müller
Computer Sciences Corporation (CSC)
Deutschland

Dr. Sönke E. Schulz
Christian-Albrechts-Universität zu Kiel
Deutschland

ISBN 978-3-658-00745-4
DOI 10.1007/978-3-658-00746-1

ISBN 978-3-658-00746-1 (eBook)

Die Deutsche Nationalbibliothek verzeichnet diese Publikation in der Deutschen Nationalbibliografie; detaillierte bibliografische Daten sind im Internet über http://dnb.d-nb.de abrufbar.

Springer VS
© Springer Fachmedien Wiesbaden 2013
Das Werk einschließlich aller seiner Teile ist urheberrechtlich geschützt. Jede Verwertung, die nicht ausdrücklich vom Urheberrechtsgesetz zugelassen ist, bedarf der vorherigen Zustimmung des Verlags. Das gilt insbesondere für Vervielfältigungen, Bearbeitungen, Übersetzungen, Mikroverfilmungen und die Einspeicherung und Verarbeitung in elektronischen Systemen.

Die Wiedergabe von Gebrauchsnamen, Handelsnamen, Warenbezeichnungen usw. in diesem Werk berechtigt auch ohne besondere Kennzeichnung nicht zu der Annahme, dass solche Namen im Sinne der Warenzeichen- und Markenschutz-Gesetzgebung als frei zu betrachten wären und daher von jedermann benutzt werden dürften.

Lektorat: Dr. Cori Antonia Mackrodt, Yvonne Homann

Gedruckt auf säurefreiem und chlorfrei gebleichtem Papier

Springer VS ist eine Marke von Springer DE. Springer DE ist Teil der Fachverlagsgruppe Springer Science+Business Media.
www.springer-vs.de

Soziale Medien sind künftig ein wichtiger Bestandteil der externen Kundenbe-ziehungen der öffentlichen Verwaltung. Dies bedingt jedoch eine Neuausrich-tung der Kommunikationsstrategie, interner Organisationshandbücher und -ab-läufe v.a. für die Betreuung dieser Kanäle. Das Handbuch liefert einen zentralen Beitrag für die Entwicklung von Sozial Media Strategien und deren Umsetzung.

Christian Rupp,
Sprecher der Plattform Digitales Österreich,
Bundeskanzleramt der Republik Österreich

Die öffentliche Verwaltung und die Bürger leben, wenn es um die Nutzung von Sozialen Medien geht, weitgehend in Parallelwelten. Die Verwaltung muss an Geschwindigkeit zulegen und diesen Bereich stärker bespielen als bisher. Dieses Handbuch tritt Unwissenheit und Angst innerhalb der Verwaltungen entgegen und kann dabei helfen, die Nähe zum Bürger mit den Mitteln der sozialen Medi-en auszubauen bzw. wiederherzustellen. Es zeigt zugleich die Chancen auf, die in der Nutzung sozialer Medien liegen.

Franz-Reinhard Habbel,
Sprecher des DStGB und Direktor für politische Grundsatzfragen

Die Beziehung Verwaltung zum Bürger und umgekehrt steht im größten Wandel. Social Media sind eine gute Möglichkeit, wenn richtig angewendet, auf den Bür-ger zuzugehen und diese Beziehung neu und zeitgerecht zu definieren. Gerade in der Zeit der steigenden Mobilität ist dies ein Chance, um die Verbundenheit der Bevölkerung mit der Gemeinde aufrechtzuhalten.

Stephan Röthlisberger,
E-Government Schweiz, Leiter Geschäftsstelle

Vorwort

Social Media ist aus unserem Leben nicht mehr wegzudenken. Die Twitter-Streams sind das aktuelle Nachrichtennervensystem der Welt, die sowohl von Bürgern als auch von Journalisten aktiv und passiv genutzt werden. Smartphones sind allgegenwärtig, wodurch der Zugang zum Internet jederzeit verfügbar ist und somit Inhalte „on the go" von jederman produziert werden können. Bürger besprechen und organisieren sich über Blogs, Facebook oder Twitter und teilen so ihre Meinung öffentlich mit. Die Zivilgesellschaft ist durch die Kommunikations- und Organisationsfähigkeit der Sozialen Medien wieder erstarkt, und immer wieder sind von BürgerInnen initiierte Bewegungen erfolgreich. Social Media verändert Kommunikation, Kultur und verschiebt Machtverhältnisse in der öffentlichen Meinungsbildung, da Themen auf Social-Media-Plattformen oftmals schneller und umfassender verteilt werden und traditionelle Nachrichtenkanäle wie die lokalen Zeitungen dadurch ins Hintertreffen geraten sind. Dem kann sich auch die öffentliche Verwaltung nicht entziehen: Bürger erwarten von ihren Bürgermeistern, Bundestagsabgeordneten und Ministerpräsidenten auch online eine sofortige Reaktion.

Das ist jedoch nicht einfach. Wie können Behördenvertreter innerhalb eines sehr engen bürokratischen Rahmens innovativ neue Technologien einsetzen und gleichzeitig sicher sein, dass ihre Experimente mit den bestehenden Gesetzen übereinstimmen?

Aus diesem Grund haben wir dieses Handbuch geschrieben, um Mitarbeitern in der öffentlichen Verwaltung Ideen, Handlungsansätze und ausgewählte Beispiele zur Verfügung zu stellen, die es ihnen ermöglichen, Social Media in ihrer eigenen Umgebung einzusetzen und die Fehler, die andere eventuell schon gemacht haben, zu vermeiden – Fehler, die wir in unserer täglichen Praxis und Forschung oft erlebt haben.

Das Autorenteam setzt sich aus Ines Mergel, Philipp Müller, Peter Parycek und Sönke E. Schulz zusammen. Wir bringen unterschiedliche Perspektiven zu-

8 Vorwort

sammen, glauben aber alle daran, dass Social Media mehr ist als ein kurzfristiger Hype. Auf dem Kongress Effizienter Staat 2012 saßen wir mit einigen deutschen, österreichischen und schweizerischen Kollegen aus Bund, Land und Kommunen zusammen und beschlossen, dieses Buch zu schreiben.

Dr. Ines Mergel ist Assistant Professor of Public Administration and International Affairs an der Maxwell School of Citizenship and Public Affairs, Syracuse University im U.S.-Bundesstaat New York. Professor Mergel arbeitet seit ca. zehn Jahren an Themen der Verwaltungsmodernisierung und speziell der Anwendung innovativer Technologien in der öffentlichen Verwaltung. Nach dem Doktorandenstudium an der Universität St. Gallen, Schweiz, hat sie sich sechs Jahre lang an Harvards Kennedy School of Government mit der Frage beschäftigt, wie Manager in der öffentlichen Verwaltung ihre informellen sozialen Netzwerke nutzen, um Informationen zu teilen, die sie für die Kernaufgabe ihrer Behörde benötigen. Mit dem Aufkommen von Online-Netzwerken, wie Facebook und Twitter, hat sich ihr Forschungsfokus auf Online-Medien konzentriert und sie hat im Jahr 2012 das erste Buch über die Nutzung von Social Media im Rahmen der Open Government Initiative in den U.S.-Bundesbehörden veröffentlicht.[1] Zur Zeit beschäftigt sie sich mit Open Innovation-Plattformen und den Governance-Mechanismen zur Umsetzung von Open-Data-Initiativen in den USA.

Dr. Philipp Müller ist Business Development Director für den Öffentlichen Sektor bei Computer Sciences Corporation (CSC) und „Academic Dean" an der Business School (SMBS) der Universität Salzburg. Er lehrt außerdem an der Sciences Po in Paris und der Harvard Kennedy School of Government. Bis 2007 war er Professor an der Graduate School for Public Administration and Public Policy of Tecnológico de Monterrey, Mexico (EGAP – Tec de Monterrey) und vor 2003 wissenschaftlicher Mitarbeiter der Stiftung Wissenschaft und Politik in Berlin. Er arbeitet an der Schnittstelle zwischen Politik, Verwaltung, Wirtschaft und Wissenschaft und interessiert sich dafür, wie sich in unserer digital-vernetzten Welt Organisation, Strategie und Führung verändern. Er publiziert seit Jahren zu diesem Thema, 2012 erschien sein drittes Buch „Machiavelli.net – Strategie für unsere vernetzte Welt" bei Scoventa.

Dr. Peter Parycek leitet das Zentrum für E-Governance an der Donau-Universität seit 2005, an welchem ca. 300 Studierende studieren und zahlreiche Forschungsprojekte in Kooperation mit Ministerien und Ländern durchgeführt werden. Paral-

---

1   Siehe: Mergel, I. (2012): Social Media in the Public Sector, San Francisco, CA.

Vorwort 9

lel dazu war er wissenschaftlicher Berater im österreichischen Bundeskanzleramt von 2006 bis 2011 und hatte den Vorsitz über die Arbeitsgruppen „E-Democracy & E-Participation" und „E-Government Schulungskonzept" inne. Von 2010 bis 2011 war er als wissenschaftlicher Berater im Fürstentum Liechtenstein für die Konzeption und Ausarbeitung des E-Government-Gesetzes und weiterer Novellierungen verantwortlich. Neben zahlreichen wissenschaftlichen Publikationen und Forschungsprojekten in den Themenbereichen E-Government, E-Partizipation und Open Government Data ist er Gründer der CeDEM Konferenzserie (International Conference for e-Democracy and Open Government, www.donau-uni.ac.at/cedem) die seit 2011 an der Donau-Universität Krems durchgeführt wird und Gründer des Open Access Journal JeDEM (eJournal of eDemocracy and Open Government, http://www.jedem.org/), das seit 2009 zweimal jährlich erscheint. Neben den akademischen Tätigkeiten engagiert er sich auch in zivilgesellschaftlichen Tätigkeiten; er war Gründungsmitglied des Vereins Politik Transparent e.V. (Erst-Betreiber der Plattform: http://www.meinparlament.at/), Gründungsmitglied und Vorstandsmitglied im Verein Open3 e.V., welcher sich für Offenheit in Politik und Verwaltung einsetzt (http://www.open3.at/) und ist Mitglied im Executive Board der Open Knowledge Foundation Österreich e.V.

Dr. Sönke E. Schulz hat von 2000-2005 Rechts- und Politikwissenschaften an der Christian-Albrechts-Universität zu Kiel studiert; 2005 folgte die Erste Juristische Staatsprüfung vor dem OLG Schleswig; Diplom-Jurist (Universität Kiel). Sönke Schulz war seit 2005 Doktorand bei Bundesminister a.D. Prof. Dr. Schmidt-Jortzig und Promotionsstipendiat des Landes Schleswig-Holstein. 2008 folgte die Promotion zum Dr. iur. mit dem Thema „Änderungsfeste Grundrechte" durch die Rechtswissenschaftliche Fakultät der Christian-Albrechts-Universität zu Kiel. In den Jahren 2005-2006 war Sönke Schulz angestellt beim Finanzministerium Schleswig-Holstein in der Projektgruppe „Verwaltungsmodernisierung und Entbürokratisierung". Nach erfolgreichem Abschluss des juristischen Vorbereitungsdiensts mit der Großen Juristische Staatsprüfung vor dem Gemeinsamen Prüfungsamt der Länder Bremen, Hamburg und Schleswig-Holstein wurde er 2007 wissenschaftlicher Assistent und Geschäftsführer des Lorenz-von-Stein-Institut für Verwaltungswissenschaften an der Christian-Albrechts-Universität zu Kiel und Habilitand beim Direktor des Schleswig-Holsteinischen Landtages Prof. Dr. Utz Schliesky. Seit ca. 6 Jahren beschäftigt Sönke Schulz sich mit den rechtlichen Aspekten zahlreicher Modernisierungsprojekte in der öffentlichen Verwaltung, u. a. auch des Einsatzes sozialer Medien. Er ist u. a. Mitverfasser der Studie „Open Government Data" für das Bundesministerium des Innern.

Das Autorenteam möchte sich besonders bei Julian Fuchs und Dominik Golle bedanken, die während der Bearbeitungsphase wertvolle Recherche- und Koordinationsfunktionen für die Autoren übernommen haben. Peter Parycek möchte sich besonders bei Judith Schossböck und der Arbeitsgruppe zu Beamte 2.0. aus Österreich bedanken.

Über dieses Buch

Dieses Buch wurde sowohl für Anfänger als auch Fortgeschrittene Social-Media-Nutzer geschrieben. Es ist ein praxisorientiertes Handbuch, das es ermöglicht, Social Media Schritt für Schritt planvoll einzuführen. Wir führen viele Beispiele auf, die wir im deutschsprachigen Umfeld gesammelt haben und damit für die Leser auch online nachvollziehbar sind. Wichtige Inhalte sind durch Textboxen für den schnellen Leser hervorgehoben worden.

Das Buch ist in sechs thematisch aufeinander aufbauende Abschnitte eingeteilt. Im ersten Teil beschäftigen wir uns mit der Frage, warum Social Media ein wichtiges Thema ist, sowohl für die Gesellschaft im Allgemeinen als auch bezogen auf den öffentlichen Sektor. Wir greifen die Besonderheiten des Policy-Zyklus auf und erläutern wie Social Media derzeit in den unterschiedlichen Phasen genutzt wird und welche anderen Trends wir beobachten, wie zum Beispiel die Erstellung von Open-Data-Portalen und die parallel dazu stattfindenden Barcamps und Apps-Wettbewerbe.

Der zweite Abschnitt beschäftigt sich mit der Frage, wie Social Media durch die öffentliche Verwaltung eingesetzt werden kann und Mitarbeiter ihre *persönliche Nutzung von ihrer beruflichen Nutzung* trennen können. Welche Gesetze und Richtlinien müssen beachtet werden, um die Anwendungen auf den Plattformen von Drittanbietern auch in der öffentlichen Verwaltung sicher einsetzen zu können.

Damit ist auch der Übergang in den dritten Abschnitt geschafft, der sich maßgeblich mit den *rechtlichen Grundlagen der Nutzung von Social Media in der öffentlichen Verwaltung* beschäftigt. Wir analysieren hier die die rechtliche Zulässigkeit der Nutzung von Social Media im Rahmen der derzeitig bestehenden Rechtsgrundlagen.

Der vierte Abschnitt ist relevant für die strategische Umsetzung von Social Media in der öffentlichen Verwaltung. Hier geben wir eine Anleitung für das Design einer *Social-Media-Strategie* und die notwendigen Fragestellungen, die sich die mit der Einführung betrauten Verantwortlichen stellen sollten, bevor sie sich auf das Social-Media-Experiment einlassen.

Der fünfte Abschnitt bereitet die Verantwortlichen auf die tägliche Umsetzung der Strategie vor. Dazu gehören beispielsweise unterschiedliche *Taktiken*, um die Kernaufgaben der Verwaltung mit Hilfe von Social Media zu unterstützen. Im *Implementierungsplan* für die Einführung von Social Media geht es um praktische Umsetzungsthemen wie die Aufstellung eines Kommunikationsleitfadens oder eines Leitfadens für die Erstellung von Onlineinhalten.

Abschließend beschäftigen wir uns im sechsten Abschnitt mit den notwendigen und gerade erst anstehenden *Veränderungsprozessen in der öffentlichen Verwaltung*. Beispielsweise entsteht aufgrund der veränderten Bürgerwünsche und der Nutzung von Social Media die Notwendigkeit, sich intern über neue Rollen Gedanken zu machen. Der Anhang zu diesem Buch enthält ein Glossar, in dem alle wichtigen Social-Media-Begriffe erklärt sind.

Juli 2013

Ines Mergel in Syracuse, NY, USA
Philipp Müller in Berlin/München, Deutschland
Peter Parycek in Krems, Österreich
Sönke E. Schulz in Kiel, Deutschland

Inhaltsverzeichnis

Vorwort 7

Abbildungsverzeichnis 17

Tabellenverzeichnis 19

1 Social Media – Hype oder Revolution? **21**
   1.1   Einleitung 21
   1.2   Soziale Netzwerke – Trend oder neue Kulturtechnik? 23
   1.3   Jeder kann Inhalte produzieren: Many-to-many-Kommunikation ...24
   1.4   Potenziale der Online-Kommunikation und des Social Web 25
   1.5   Vom Web 2.0 zu Social Media 27
   1.6   Chancen sozialer Medien 29
   1.7   Soziale Medien für Entscheider in Politik und Verwaltung 30
   1.8   Soziale Medien verändern den Politik-Zyklus 31
        1.8.1   BarCamps 32
        1.8.2   Bürgerhaushalt 35
        1.8.3   Kollaboratives Citizen-Relationship-Management 38
        1.8.4   Open Government Data 40

2 Social Media in der öffentlichen Verwaltung **45**
   2.1   Social Media trifft auf bürokratisch-hierarchische Struktur 47
   2.2   Nutzenanlässe und Zielsetzungen für die Verwaltungseinheiten 49
   2.3   Grenzen von privater und dienstlicher Social-Media-Nutzung 54
        2.3.1   Dimensionen der privaten und beruflichen Nutzung
                 von Social Media 55
        2.3.2   Szenarien mithilfe der Nutzungs-Dimensionen 64

3 Rechtliche Rahmenbedingungen für die Nutzung von Social Media ..**67**
   3.1   Rechtsrahmen für die Nutzung von Social Media 67
   3.2   Rechtsrahmen für die private Nutzung von Social Media 70
        3.2.1   Ohnehin geltendes Recht 70
        3.2.2   Allgemeine Benutzungsregeln 71
        3.2.3   Leitfaden für die private Nutzung für Bedienstete 72

3.3 Rechtsrahmen für die behördliche Nutzung von Social Media........75
   3.3.1 Zulässigkeit der Nutzung 75
   3.3.2 Auswahl eines Social-Media-Angebots im rechtlichen Rahmen und unter Berücksichtigung der konkreten Zielsetzung 83
   3.3.3 Zustimmung zu Datenschutzbedingungen und Funktionalitäten, die nicht datenschutzkonform sind 88
   3.3.4 Beeinflussung von Bürgern zur Nutzung einer bestimmten Plattform 90

4 Social-Media-Strategien für Behörden 91
4.1 Dimensionen der Social-Media-Strategie 92
4.2 Social-Media-Zielsetzung und -Richtlinien...................93
4.3 Social-Media-Organisationsmodell 95
4.4 Social-Media-Einsatzgebiete 98
   4.4.1 Presse- und Öffentlichkeitsarbeit 98
   4.4.2 Fachlicher Diskurs....................................98
   4.4.3 Bürgerinformation und -anfragen.....................101
   4.4.4 Interne Kollaboration 101
4.5 Social-Media-Taktiken.....................................102
   4.5.1 Repräsentation und Broadcasting....................103
   4.5.2 Pull-Taktik: Engagement.............................104
   4.5.3 Networking..105
   4.5.4 Transaktionen und Dienstleistungen 106
   4.5.5 Social-Media-Kampagnen............................106
   4.5.6 Social-Media-Innovationen im U.S.-Wahlkampf 2012......108
4.6 Social-Media-Strategie-Messung 110

5 Implementierung der Social-Media-Strategie.....................115
5.1 Planungsleitfaden 115
   5.1.1 Ziel und Zweck der Nutzung von Social Media 117
   5.1.2 Zielgruppe(n).......................................118
   5.1.3 Inhalt...118
   5.1.4 Ort: Auf welcher Plattform sollen welche Services angeboten werden? 121
   5.1.5 Zeit: Wie lange, wie oft und wie schnell soll umgesetzt werden? 123
   5.1.6 Ressourcen und Rollen: Social-Media-Verantwortliche 124
   5.1.7 Prozess der Erarbeitung – zu beteiligende Stellen 125

	5.1.8	Evaluation 126
5.2		Kommunikationsleitfaden für Social-Media-Verantwortliche 127
5.3		Produktionsleitfaden für Inhalte 133
	5.3.1	Nutzergenerierte Inhalte im Social Web 134
	5.3.2	Realisierung der Impressumspflichten im Social Web.......135
	5.3.3	Barrierefreiheit 136
	5.3.4	Datenschutzrechtliche Verantwortlichkeit 137
	5.3.5	Social-Media-Nutzerkonten 138
	5.3.6	Urheberrecht und Social-Media-Dienste............140
	5.3.7	Haftungsfragen, insbesondere Umgang mit fremden Inhalten 141
5.4		Nutzungsvereinbarungen mit Social-Media-Anbietern.................142

6 Neue Rollen und Führungsstile für die Organisation 145

6.1	Von der Massen- zur offenen Gesellschaft 146
6.2	Offene Staatskunst 147

7 Zusammenfassung und Ausblick 149

8 Social Media Index...151

9 Literaturhinweise 157

Abbildungsverzeichnis

Abbildung 1:   Steigerung des Allgemeinwohls 22
Abbildung 2:   Policy-Zyklus...31
Abbildung 3:   Screenshot Bürgerhaushalt in Erfurt.......................................36
Abbildung 4:   Screenshot von NYC 311 39
Abbildung 5:   Screenshot von govdata.de 42
Abbildung 6:   Konfliktfelder zwischen bürokratischer Verwaltung
               und Social Media 48
Abbildung 7:   Soziale Medien als Politikinstrument 49
Abbildung 8:   Dimensionen privater und beruflicher Nutzung 55
Abbildung 9:   Rechtsrahmen behördlicher Aktivitäten in sozialen
               Medien 68
Abbildung 10: Rechtsrahmen für die Aktivitäten der Mitarbeiter in
               sozialen Medien 69
Abbildung 11: Gestufte (datenschutzrechtliche) Verantwortlichkeit
               im Social Web..81
Abbildung 12: Ablauf des Einsatzes sozialer Medien durch die
               öffentliche Verwaltung...84
Abbildung 13: Fachlicher Diskurs 100
Abbildung 14: Podcast „Lauer informiert"...104
Abbildung 15: Christoph Meinekes Bürgermeisterblog der Gemeinde
               Wennigsen ruft zum Mitmachen auf.......................................105
Abbildung 16: Warum und welche Social Media Plattformen nutzen
               hochrangige Regierungsvertreter (Quelle: Government
               Tecnology Magazine: http://goo.gl/7syqe) 110
Abbildung 17: Interaktionselemente...111
Abbildung 18: Inhalte eines Leitfadens 116
Abbildung 19: Podcast „Lauer informiert"...120
Abbildung 20: Kommentierungsrichtlininen der EPA....................................130
Abbildung 21: Screenshot „Measured Voice"-Applikation 134

Tabellenverzeichnis

Tabelle 1:	Reichweite und Flüchtigkeit von Kommunikationsmedien	26
Tabelle 2:	Private und dienstliche Nutzung von Social Media	50
Tabelle 3:	Einführungsformen	97
Tabelle 4:	Erfolgsindikatoren für Social-Media-Einsatz	113

1 Social Media – Hype oder Revolution?

1.1 Einleitung

Durch die Entwicklung von einfach zu bedienenden mobilen Telekommunikationsgeräten haben wir heute beinahe überall und jederzeit Zugang zum Internet und den damit verbundenen Informations- und Kommunikationskanälen. Dies ändert die Kommunikationsparadigmen und somit die Art und Weise, wie wir täglich miteinander in Interaktion treten. Das unterstützen vor allem die zahlreichen Plattformen, die auf den ubiquitären Zugang zum Internet aufsetzen: soziale Netzwerke wie Facebook, Twitter, Medienplattformen wie YouTube, Wordpress oder Flickr oder Kontaktplattformen wie Xing und LinkedIn. Mehr und mehr werden auch verschiedene Web-Services zusammengefasst, bei denen die Inhalte von den Nutzern selbst erstellt werden und diesen auch strukturiert zugänglich gemacht werden. Aber auch in der Verwaltung tut sich Einiges: ob im Jobcenter Lippe, wo es Videokonferenzen mit Jobsuchenden gibt, bei der Bauleitplanung des Landes Schleswig-Holstein oder dem Energie-Atlas Bayern, soziale Medien sind nicht mehr aus dem Verwaltungsalltag wegzudenken.

Diese Entwicklung, die unter Begriffen wie „Web 2.0" bzw. „Social Media" zusammengefasst wurde, führte zum Austausch einer großen Menge von Daten durch eine Vielzahl von Menschen. Das unterstützte wiederum Bewegungen, die aus dem Internet heraus entstanden, und Phänomene wie Crowdsourcing oder Open Government stehen auch mit der Tendenz zur steigenden Transparenz unserer Kommunikation in Zusammenhang. Unterstützt durch die Alltäglichkeit von sozialen Medien und Netzwerken ist dies, insbesondere auch die Kommunikation von vielen mit vielen, mittlerweile ein Massenphänomen geworden. Das verändert unsere Gesellschaft radikal und birgt eine Fülle von Chancen – auch für die Verwaltung. Manchmal geschehen derartige Veränderungen schleichend.

manchmal wiederum sehr plötzlich. Wie oft in der Mediengeschichte folgt auf eine Phase der Ablehnung oder Euphorie in Bezug auf neue Medien schließlich die Integration von Kommunikationsparadigmen in unseren Alltag. Es stellt sich vor allem die Frage, wie sich diese Entwicklungen und insbesondere die sozialen Medien auf unsere Prozesslandschaften und Lebenswelten in Regierung und Verwaltung auswirken und ob und inwieweit diese Paradigmen in diesem Kontext Platz finden. Die akademische Auseinandersetzung mit dem Phänomen Social Media im Regierungs- und Verwaltungshandeln hat gerade erst begonnen. Auch die gründliche politikwissenschaftliche Auseinandersetzung mit dem Thema steht gerade erst am Anfang, und es sind spannende Ergebnisse aus den Disziplinen der Politischen Theorie, der Vergleichenden Politikwissenschaft und den Internationalen Beziehungen zu erwarten. Wie immer, wenn ein neues Phänomen oder eine neue Idee auftaucht, wie z. B. Social Media im Regierungs- und Verwaltungskontext, muss gefragt werden, ob und inwiefern dies Einfluss auf das Gemeinwohl der Gesellschaft hat. Oder anders ausgedrückt: Lässt sich mit Hilfe dieses neuen Konzepts ein Nutzen für die Gemeinschaft bzw. für das Gemeinwohl schaffen? Das folgende von Mark Moore[2] entwickelte „Strategische Dreieck" (Abbildung 1) verdeutlicht diesen Zusammenhang:

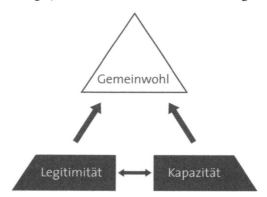

Abbildung 1: Steigerung des Allgemeinwohls

In Bezug auf die Rolle von sozialen Medien in Politik und Verwaltung muss vor allem die Frage gestellt werden, inwiefern soziale Medien in Regierungs- und Verwaltungshandeln Legitimität und Kapazität von Politik und Verwaltung erhöhen. Legitimität wird dann erhöht, wenn das Vertrauen der Gesellschaft in Politik

---
2 Moore, Mark. H. Creating Public Value: Strategic Management in Government. Harvard University Press, 1996.

und Verwaltung verstärkt wird und Bürger dazu angeregt werden, sich an Prozessen und Entscheidungen zu beteiligen. Kapazität lässt sich durch die Einbeziehung von ExpertInnen und Ressourcen steigern. Im konkreten Fall kommt es auf die Zusammenarbeit von staatlichen Behörden (ExpertInnen in der Verwaltung) und BürgerInnen (ExpertInnen vor Ort) an. Die Verwaltung ist auf die Kenntnisse vor Ort angewiesen, um konkrete Fragen und Probleme gezielt bearbeiten zu können, wie beim Maerker Brandenburg, wo Bürger über soziale Medien Infrastrukturprobleme wie illegal abgelagerten Müll, defekte Straßenlaternen oder Schlaglöcher an die zuständigen Verwaltungen melden können.

1.2   Soziale Netzwerke – Trend oder neue Kulturtechnik?

Das 20. Jahrhundert war eine Zeit der Massenmedien. Hohe Investitionskosten für die nötige Produktions- und Verteilungstechnik führten zu einer relativ kleinen Zahl von Anbietern, die ihre Programme an eine große Zahl von Empfängern verteilten, die das Programm passiv konsumierten. Abgesehen von einem starken Einfluss auf Produktion und Distribution von Kultur prägten die spezifischen Strukturen der Massenmedien auch die Gestalt der Öffentlichkeit entscheidend. Die kleine Zahl der Anbieter führte bei der Verbreitung von Informationen zwangsläufig zu einer Machtkonzentration. Durch die Digitalisierung von Wertschöpfungsketten und „Self-publishing", ermöglicht durch die Demokratisierung von Hardware wie Personalcomputern, Digitalkameras und Handys sowie Software-Applikationen wie Blogging, sozialen Netzwerken und Foren, kann man im 21. Jahrhundert vom Zeitalter der kollaborativen Medien sprechen: Soziale Medien und Netzwerke bringen eine neue Kulturtechnik mit sich, mit der die nicht von Profis erstellte Information und die nicht durch formelle Verträge strukturierte Zusammenarbeit zum Normalfall werden. Als Entscheidungsträger in Politik und Verwaltung müssen wir uns überlegen, wie das die für uns relevanten Spielräume verändert. Facebook, Twitter oder Wikipedia sind für viele aber immer noch verwirrend oder gar Auswüchse einer unübersichtlichen neuen Technik. Doch soziale Medien sind, das zeigt schon ihre Akzeptanz innerhalb der breiten Bevölkerung, viel mehr als eine weitere technische Entwicklung. Sie sind mittlerweile gesellschaftliche Phänomene und spiegeln daher auch eine neue soziale Logik wider. Eine Logik, die ganz anderen gesellschaftlichen Gesetzmäßigkeiten folgt als noch vor zehn oder 100 Jahren. Das Internet und die darauf basierenden Anwendungen haben in den letzten Jahren unsere Kommunikation deutlich schneller, einfacher, vor allem aber direkter gemacht. Dadurch werden Abläufe im Privatleben oder der Wirtschaft entscheidend verändert. Das Internet beeinflusst aber auch Prozesse in Politik und Verwaltung: Die aktuelle Diskussion um soziale Medien in diesen Bereichen lässt sich bereits auf das Jahr 2004 zurückführen. Tim O'Reilly, der Verleger, der auch den Begriff Open Source geprägt hat, führte den Begriff Web 2.0 ein, um damit klar zu machen, dass es sich bei sozialen Medien wie Blogging oder Facebook um ein strukturell neues Phänomen handelt. Im Kern geht es hierbei um die Veränderungen des World Wide Webs, vom einseitigen Informationskanal hin zu einem zweiseitigen Kommunikationsmedium und einer Wertschöpfungsplattform.

1.3   Jeder kann Inhalte produzieren: Many-to-many-Kommunikation

Der Kern von sozialen Medien hat mit einem neuen Kommunikationsparadigma zu tun. Hier kann man grob zwischen One-to-many- und Many-to-many-Kommunikation zu unterscheiden.

Bei *One-to-many* (1:n) kommunizieren Individuen mit einer größeren Anzahl von Menschen – z. B. bei einem Broadcast. Diese Form der Kommunikation findet sich auch häufig im Internet, dazu zählen unter anderem E-Mail-Kommunikation oder das Versenden eines Newsletters. Allerdings handelt es sich beim One-to-many-Modell um das traditionelle Modell der Informationsverbreitung, in der eine bestimmte Nachricht, gesendet von einem einzigen Sender, eine möglichst große Anzahl an Empfängern erreichen soll.

Aufgrund der Tatsache, dass bei One-to-many die Nachricht nur in eine Richtung gesendet wird, ist es auch schwierig, Feedback von den Empfängern zu erhalten bzw. manchmal überhaupt festzustellen, ob die Nachricht angekommen ist. Durch die steigende Verbreitung von E-Mails und der etwas weniger beliebten Variante wie Massenmails oder Spams vertrauen viele Nutzer dieser Form der Kommunikation außerdem immer weniger, geschweige denn, dass sie überhaupt darauf aufmerksam werden. One-to-many-Modelle eignen sich aber gut für das Versenden von Informationen, wenn Feedback oder Partizipation nicht unbedingt gewünscht ist.

Im Gegenzug dazu kommunizieren bei der *Many-to-many-* bzw. n:n-Kommunikation viele Sender mit vielen Empfängern: Dies bedarf einer neuen Form des Kommunikationsmanagements. Soziale Medien wie YouTube, Flickr oder Twitter ermöglichen diese Kommunikation – von vielen Sendern an viele Empfänger – wobei viele auch wenige sein können. Manche Blogs werden nur von ganz wenigen gelesen und kommentiert, deshalb verwenden wir das neutralere n:n. Meist ist dies mit bestimmten Interessengruppen verknüpft bzw. durch gemeinsame Interessen verbunden. Hervorzuheben ist, dass in diesem Modell po-

Potenziale der Online-Kommunikation und des Social Web 25

tenziell jeder zum Sender wird – die genaue Unterscheidung zwischen Produzent und Konsument verwischt.

Dieses Modell steht oft immer noch konträr zu unserer Vorstellung dazu, wie Informationsflüsse in Unternehmen ablaufen sollen, bildet aber moderne Kommunikations-Paradigmen ab. Jedoch tun sich viele Organisationen aufgrund bestehender Hierarchien und gefestigter Strukturen mit dieser Art der Kommunikation schwer, obwohl die Kommunikation mit möglichst vielen Bürgern prinzipiell gewünscht wäre.

n:n ermöglicht aber in erster Linie Feedback-Prozesse – ein Potenzial, das insbesondere durch die steigende Verbreitung von sozialen Medien zugenommen hat. Viele Sender treten dabei mit einem großen Publikum, also möglichst vielen Sendern in Verbindung, wobei sich nicht alle in gleichem Maße beteiligen müssen. Manche, sog. Lurker-Typen, hören vielleicht nur zu und produzieren selbst keine Inhalte. Ein weiterer wesentlicher Bestandteil der n:n-Kommunikation ist, dass Informations-Elemente zwischen verschiedenen Plattformen einfach verlinkt und weiter verbreitet werden können – eine Tendenz, die mit dem Aufkommen des Social Web unterstützt wurde.

Im Folgenden werden die Besonderheiten und Vorteile dieser Entwicklung beschrieben. Außerdem wird eine Abgrenzung der dabei wichtigen Begriffe vorgenommen, bevor die Chancen behandelt werden, die sich aus dem Einsatz Sozialer Medien ergeben.

1.4   Potenziale der Online-Kommunikation und des Social Web

Wichtiger als je zuvor wird in der Online-Kommunikation die Unterscheidung zwischen dem flüchtigen gesprochenen und dem geschriebenen, nicht „so" flüchtigem Wort und der wesentlich höheren Reichweite des Senders. Dies mag zu einer höheren Verantwortung des Einzelnen führen: Was früher oft nur in persönlichen flüchtigen Gesprächen im Kaffeezimmer erzählt wurde, wird heute vielfach über digitale Netzwerke verbreitet, die im Unterschied zur Offline-Welt eine wesentlich höhere Reichweite und Dauerhaftigkeit aufweisen. Ein wesentliches Charakteristikum der Online-Kommunikation ist die Speicherung von Informationen: *„Das Netz vergisst nicht"*
Eine vollständige Löschung von Informatio-
nen ist im Zeitalter von Facebook und Google (beinahe) unmöglich geworden: Selbst wenn publizierte Inhalte auf Plattformen vollständig gelöscht werden könnten, ist es nicht auszuschließen, dass mit uns vernetzte Personen eine Kopie angelegt bzw. diese Informationen anderweitig verbreitet haben. Zwar waren

auch analoge Medien kopierbar und konnten distribuiert werden, allerdings waren dazu wesentlich mehr Ressourcen erforderlich. Wir befinden uns nun in einem Zeitalter, wo neben den klassischen Sendern wie dem Rundfunk oder der Presse Millionen von potenziellen Mini-Sendern auf Facebook & Co. dazugekommen sind, welche Inhalte verbreiten, kopieren und verändern können – viele kommunizieren mit vielen, und das meist ohne eigens dafür kalkulierte Kosten. Die bisherigen Kommunikationsregeln der analogen Welt werden für die digitale vernetzte Welt neu geschrieben. Diese Veränderungen haben auch Auswirkungen auf alle Kommunikationsteilnehmer, von den großen Organisationen bis zu den Mitarbeitern in den Organisationen.

In der folgenden Gegenüberstellung werden die unterschiedlichen Wirkungen und Zusammenhänge verdeutlicht:

Tabelle 1: Reichweite und Flüchtigkeit von Kommunikationsmedien

	Teilnehmer	Reichweite	Flüchtigkeit
Offline Gespräch	1:1	Gering	Hoch
Facebook Chat	1:1 bis n:n	Gering bis hoch	Niedrig
E-Mail	1:1 bis 1:n	hoch	Niedrig
Brief	1:1 bis 1:n	Niedrig	Mittel

Was die Intention der Nutzer betrifft, so sind keine allzu großen Unterschiede zwischen der analogen und der digitalen Welt auszumachen. Das persönliche zeitlich synchrone Gespräch wird genutzt, um sich mit einer bzw. mehreren Personen gezielt auszutauschen, dasselbe Bedürfnis wird auch über einen Chat in sozialen Netzwerken befriedigt, allerdings mit dem Unterschied, dass die Reichweite wesentlich erhöht wird – nicht zuletzt aufgrund des Wegfalls räumlicher Grenzen, wodurch der Teilnehmerkreis erhöht werden kann. Digitale Tools vergrößern das Potenzial zur Kommunikation, allerdings verbunden mit dem Risiko, dass sensible Inhalte über einen bestimmten Adressatenkreis hinausgehen. Mit der fortschreitenden Digitalisierung der Gesellschaft und der steigenden Nutzungsfrequenz ist insbesondere *„Höheres Kommunikationspotenzial verbunden mit gestiegenem Missbrauchsrisiko".* bei den jüngeren Generationen eine Veränderung im Kommunikationsverhalten zu beobachten.

Diese Veränderungen, insbesondere was die Nutzung von Internetdiensten betrifft, führen auch zu neuen Herausforderungen innerhalb der Verwaltung und werfen Fragen hinsichtlich der Nutzung durch die Verwaltung und ihre Mitarbeiter auf, besonders hinsichtlich der komplexeren Abgrenzung zwischen privater und dienstlicher Tätigkeit. In jedem Fall erscheint es daher angezeigt, die Mitarbeiter auf die Besonderheiten der Online-Kommunikation, insbesondere der sozialen Medien, hinzuweisen (siehe Dimensionen der privaten und beruflichen Nutzung).

1.5   Vom Web 2.0 zu Social Media

Das Konzept des Web 2.0 begann ursprünglich mit einer Brainstorming-Session zwischen O'Reilly und MediaLive International. Dale Dougherty stellte in diesem Zusammenhang fest, dass das Internet wichtiger als je zuvor geworden war, und bald entstand eine Konferenz mit demselben Namen[3]. Nach wie vor gibt es oft Uneinigkeit darüber, was der Begriff Web 2.0 denn eigentlich meint, und gelegentlich wurde er als sog. Buzzword abgetan, während andere ihn als die neue Bezeichnung des Internets akzeptierten.

Das Konzept des Web 2.0 sieht das Internet als etwas, das keine harten Grenzen hat, jedoch über ein Set an Prinzipien und Praxen zusammengehalten wird. Eines dieser Prinzipien ist „Das Web als Plattform", ein anderes das der kollektiven Intelligenz, sichtbar in der Praxis wie Hyperlinking oder Plattformen wie Wikipedia. Google hat sich z. B. dieses Prinzip durch den sog. PageRank zunutze gemacht. Der Google PageRank-Algorithmus ist ein Verfahren, eine Menge verlinkter Dokumente anhand ihrer Struktur zu bewerten bzw. zu gewichten. Jedem Element wird dabei ein Gewicht (der PageRank) aufgrund seiner Verlinkungsstruktur zugeordnet.

Andere Seiten haben sich das Prinzip der „Folksonomy" zunutze gemacht, das sich durch kollaborative Kategorisierung (bekannt als „Tagging", also das Verlinken bestimmter Inhalte, für das es im Deutschen nur schlechte Entsprechungen gibt) auszeichnet. Dieses Tagging, genauer gesagt Social oder Collaborative Tagging, ist eine Form der freien Verschlagwortung, bei der Nutzer die Schlagwörter mit Hilfe von sozialer Software zuordnen. Bekannte, auf diese Art und Weise indexierte Objekte sind Blogbeiträge mit Verschlagwortung oder Fotos in sozialen Netzwerken.

Ein anderes Merkmal der Web-2.0-Ära ist die steigende Verbreitung von Blogs und Kommentarfunktionen, die nach und nach persönliche Homepages ablösten. Entscheidend dabei ist, dass Inhalte auf diese Weise, z. B. durch sog. RSS-Feeds oder das sog. Permalinking, besser strukturiert werden können und durch die Verlinkungsmöglichkeit zwischen verschiedenen Weblogs leichter Diskussionen angestoßen werden. Diese sog. Blogosphäre, die Vernetzung einzelner

---

3   http://oreilly.com/web2/archive/what-is-web-20.html

Blogs, kann einen starken Effekt auf den im Netz auffindbaren Inhalt haben, z. B. dann, wenn einzelne Blogger Einfluss auf die Inhalte in Suchmaschinen haben.

All diese Beispiele bilden die Funktionsweise sozialer Medien ab, die vorrangig als eine Reihe interaktiver und kollaborativer Elemente des Internets zu sehen ist. Entscheidend ist neben der angeführten Vernetzung die Tatsache, dass Nutzer nicht nur passiv konsumieren, sondern auch Inhalte selbst zur Verfügung stellen. Das Web 2.0 grenzt sich also durch diese Charakteristika von früheren Nutzungsarten des Internets ab. Heute nimmt die Verwendung des Begriffs aber zugunsten des Begriffs Social Media ab. Beide Begriffe beziehen sich auf die veränderte Nutzung und Wahrnehmung des Internets. Die jeweiligen Anwendungen unterstützen die Nutzer darin, ihre Inhalte zu verbreiten, die mit Hilfe sozialer Software weiter vernetzt werden können. Die digitalen Medien und Technologien, die das ermöglichen und soziale Interaktionen und Zusammenarbeit ankurbeln sollen, werden als soziale Medien bzw. Social Media bezeichnet. Die Dialoge in diesen Medien verlaufen gemeinhin entlang des erwähnten Many-to-many-Prinzips. Außerdem wurde intensiv darüber diskutiert, inwieweit derartige Technologien eine Demokratisierung von Wissen, aber auch von Informationen generell, unterstützen können. In den letzten Jahren haben insbesondere auch zahlreiche Unternehmen begonnen, das (wirtschaftliche) Potenzial von Social Media stärker zu nutzen.

SOCIAL-MEDIA-DEFINITION: Unter dem Schlagwort Social Media werden soziale Netzwerke (Facebook, Twitter & Co.), Medienplattformen (YouTube, Wordpress, Flickr & Co.), Businessnetzwerke (Xing, LinkedIn & Co.), Empfehlungsplattformen (wie Yelp, Delicious, Diigo & Co.) und verschiedene Services im World Wide Web zusammengefasst. Benutzern wird mit Hilfe der Plattformen und Services ermöglicht, ohne besondere Webdesign- oder Programmierkenntnisse Inhalte im Netz zur Verfügung zu stellen und mit anderen zu teilen. Insbesondere soziale Netzwerke wie Facebook haben sich rasant verbreitet. Gegenüber herkömmlichen Nutzungsarten des World Wide Web, bei denen die Inhalte bisher maßgeblich von Unternehmen produziert und von Nutzern rezipiert wurden, werden die Nutzer durch Social-Media-Dienste selbst zum Produzenten. Dies bedeutet zahlreiche neue Möglichkeiten, sich zu informieren, zu kommunizieren, sich zu vernetzen und zu kooperieren. Dabei handelt es sich nicht um einen kurzlebigen Trend, sondern um eine bleibende gesellschaftliche Veränderung. Die einzelnen Dienste wie Facebook & Co. werden kommen und gehen bzw. sich abwechseln, aber die Kommunikations-, Produktions- und Organisationsfähigkeit durch die Nutzer wird bleiben und in den nächsten Jahren noch zunehmen.

1.6 Chancen sozialer Medien

Das größte Potenzial der Online-Kommunikation und von sozialen Netzwerken insbesondere liegt heute darin, dass Benutzern ermöglicht wird, ohne besondere Webdesign-, Programmier- oder sonstige Vorkenntnisse Inhalte im Netz zur Verfügung zu stellen und ohne viel Aufwand oder Kosten mit anderen zu teilen. Insbesondere soziale Netzwerke wie Facebook haben sich aufgrund dieses Potenzials rasant verbreitet. Gegenüber herkömmlichen Nutzungsarten des World Wide Web, bei denen die Inhalte bisher maßgeblich von Verwaltungen und Unternehmen produziert und von Nutzern rezipiert werden, werden die Nutzer mit Social Media Diensten selbst zu Produzenten – die Hemmschwelle zur Beteiligung und Generierung zu Inhalten sinkt. Dies bedeutet zahlreiche neue Möglichkeiten, sich zu informieren, zu kommunizieren, zu vernetzen und zu kooperieren.

Im Hinblick auf eine mögliche Demokratisierung sind im Kontext sozialer Medien insbesondere die Stärkung partizipativer und kollaborativer Elemente zu nennen, die neben der Verbreitung von Informationen zu den Chancen von Social Media gezählt werden. Es zeigt sich ein Potenzial für bürgerliches Engagement sowie neue Wege der Selbstorganisation von sowohl Individuen als auch Gruppen der Zivilgesellschaft. Nutzer von Social Media sind stärker miteinander vernetzt und können die Öffentlichkeit für Themen gezielt mobilisieren – ein Potenzial, das sich z. B. in Bürgerinitiativen oder in den Protestbewegungen wie Stuttgart 21 oder dem arabischen Frühling zeigte, bei denen gezielt Social Media eingesetzt wurde, um ein Thema auf die politische Agenda zu bringen. Ein weiteres Bespiel für die Potenziale dieses Mediums sind Fundraising-Aktionen, Online-Petitionen, E-Kampagnen und andere Plattformen, die online mobilisieren möchten und das Potenzial von Freiwilligen nutzen. Insbesondere die Zielgruppe der Jugendlichen, die sich besonders viel in sozialen Netzwerken aufhält, könnte darüber stärker erreicht werden als mit herkömmlichen Medien. Viele argumentieren außerdem, dass Unterschiede zwischen den Individuen online weniger ausschlaggebend wären, z. B. in Bezug auf den sozialen Status o. Ä.

Die Bedeutung von sozialen Medien für die Verwaltung liegt wahrscheinlich nicht nur in der Kommunikation nach außen, sondern auch in der Veränderung der Kernprozesse der Verwaltung und der Nutzung für interne Arbeitsprozesse. Die Chancen stehen und fallen außerdem mit der klaren Definition von Zielen und Anwendungsszenarien, die den Mehrwert für die öffentliche Verwaltung deutlich machen. Dabei ist Sicherheit eine große, aber zu bewältigende Herausforderung. Große Chancen bietet auch die Tatsache, dass in vielen Fällen bereits eine Infra-

30 Social Media – Hype oder Revolution?

struktur zur Verfügung steht, die mit neuen Applikationen, die vergleichsweise leicht einzuführen sind, erweitert werden kann.[4]

Bei sozialen Medien handelt es sich nicht um einen kurzlebigen Trend. Man könnte vielmehr von einer bleibenden gesellschaftlichen Veränderung, angeregt durch neue Kommunikationsparadigmen, sprechen. Die einzelnen Dienste wie Facebook & Co werden voraussichtlich immer kommen und gehen bzw. sich abwechseln, aber die Kommunikations-, Produktions- und Organisationsfähigkeit der Nutzer wird bleiben und in den nächsten Jahren voraussichtlich noch weiter zunehmen. Als Entscheider in Organisationen, ob privatwirtschaftlich oder öffentlich strukturiert, müssen wir uns vor allem mit der Frage auseinandersetzen, wie wir soziale Medien in unsere Wertschöpfungsketten integrieren. Gleichzeitig sind die rechtlichen Rahmenbedingungen und mögliche negative Effekte, z. B. Datenschutzaspekte, bei einer Umsetzung zu berücksichtigen.

1.7 Soziale Medien für Entscheider in Politik und Verwaltung

Strategisches Management von offenen Wertschöpfungsketten bedarf neuer Formen der Organisation, des Managements und der Führung. Führung, die Entwicklungsräume gestaltet, nicht jeden Schritt kontrolliert, und die auch Tools wie soziale Medien strategisch einsetzt, um Mehrwerte für den eigenen Prozess und die Verwaltung im Allgemeinen zu generieren. Soziale Medien spielen schon heute eine Rolle in der internen und externen Kommunikation, bei den Bürgerservices, im Recruiting, im Wissensmanagement, in der Krisenkommunikation und der Politik. Alle Prozessketten können anhand einer Wertschöpfungsketten-Analyse untersucht und umstrukturiert werden. Sowohl in primären Aktivitäten (Bürger melden Schlaglöcher, räumen wilde Mülldeponien oder prüfen IT-Strategien) als auch in sekundären Aktivitäten (z. B. die Auswahl neuer Mitarbeiter über soziale Netzwerke) können soziale Medien eine wichtige Funktion übernehmen. Einige Beispiele, die bereits in der Praxis funktionieren: In den Niederlanden tauschen sich Verwaltungsangestellte in einem Netzwerk über ihre Arbeit aus (Ambtenaar 2.0). Dadurch werden Informationen innerhalb der Verwaltung schneller verfügbar gemacht und Kollegen können von den Erfahrungen anderer profitieren. In den USA stehen Mitarbeiter aus Politik und Verwaltung untereinander sowie mit Experten von außen im Dialog (govloop.com). Mit diesem „Facebook der Verwaltung" werden sogar die Grenzen einzelner Behörden durchbrochen. In der deutschen Bundesagentur für Arbeit geht man über den bloßen Austausch un-

---

4 Soziale Medien – Chance oder Risiken für die Verwaltung? http://www.kpmg.de/Themen/33356.htm

tereinander hinaus und unterstützt mit einem eigenen Wiki das interne Wissensmanagement. Um strukturiert zu fragen, wann und wie wir soziale Medien in der Verwaltung einsetzen sollten, bedienen wir uns am besten eines Handlungsrahmens, der das Spektrum des Verwaltungshandelns abbilden kann. Dafür ist der Politik-Zyklus, ursprünglich von Harold Lasswell 1956 als strukturierendes Element in den Diskurs eingebracht, sinnvoll.

1.8 Soziale Medien verändern den Politik-Zyklus

Wie können soziale Medien in den vier Phasen des Politik-Zyklus nach Lasswell eingesetzt werden? Wie verändern sie die Prozesse im Regierungs- und Verwaltungshandeln? In der *Initiativphase* kann und wird die Bevölkerung in die Bestimmung der politischen Tagesordnung stärker eingebunden werden. Durch die Verwendung von internet-basierten Plattformen wie Forumsoftware, Blogging und sozialen Netzwerken hat sich die Art und Weise verändert, wie politische und verwaltungsrelevante Projekte diskutiert werden. Diese Entwicklung wird sich mit ziemlicher Sicherheit fortsetzen. Neue Online- und Offline-Beteiligungskonzepte werden zum Standardrepertoire von politischen Entscheidungsträgern gehören. Die E-Petitionsmöglichkeit im Deutschen Bundestag oder der Online-Dialog zur Regionalplanung im Kanton Basel-Landschaft sind Beispiele dafür. Aber auch die nicht öffentlich finanzierte Seite Abgeordnetenwatch.

Abbildung 2: Policy-Zyklus

In der *Formulierungsphase* ermöglicht kollaborative Software den verschiedensten Teilnehmern, gemeinsam an der Kodifizierung staatlichen Handelns mitzuarbeiten. Das Beteiligungsverfahren der Enquete Kommission Internet und Digitale Gesellschaft, das auf der Software „Liquid Democracy" aufbaut, ist ein solches

Beispiel, aber auch Bürgerhaushalte in Freiburg, Köln, Potsdam oder Erfurt nutzen diese Möglichkeiten schon heute.

In der *Implementierungsphase* trägt Software zur Verbesserung von Arbeitsabläufen bei. Offene Prozesse bieten die Möglichkeit, externe Experten in die Umsetzung von Verwaltungsmaßnahmen einzubeziehen. Die Anliegenmanagement-Lösungen Maerker Brandenburg, Salzburg Direkt oder das amerikanische Patent-System Peer-to-Patent, das externen Experten die Möglichkeit gibt, sich am Verfahren zu beteiligen, sind dafür gute Beispiele.

In der *Evaluierungs-Phase* bieten frei zugängliche Datenbestände, die auf offenen Datenformaten basieren, den Bürgern eine wesentlich einfachere und zugleich effektivere Evaluierung. Die Obama-Administration hat im Juni 2009 mit dem Datenportal Data.gov ein solches Instrument geschaffen, das seither viele andere Verwaltungen umzusetzen suchen. Auf der Cebit 2013 hat die Bundeskanzlerin das deutsche Open-Data-Portal „govdata.de" gestartet. Die Transparenz-Plattform zur Endlagersuche des Bundesumweltministeriums ist ein weiteres Beispiel.

Im Einzelnen sind die Veränderungen nicht bahnbrechend, über den gesamten Policy-Zyklus gesehen sind sie aber radikal. Wie Social Media in Regierungs- und Verwaltungshandeln funktionieren kann und an welchen Stellen der Politik und der Verwaltung eine Interaktion und Mitwirkung von Bürgern denkbar ist, kann man am besten an bereits umgesetzten Beispielen erkennen. Jedes Fallbeispiel, das im Folgenden erläutert wird, ist demnach einer der Phasen des Policy-Zyklus zugeordnet.

1.8.1 BarCamps

BarCamps bieten Raum zum gemeinsamen Austausch und zur Diskussion von Informationen, Ideen und Konzepten. Dabei handelt es sich um interaktive Veranstaltungen, bei denen in der Diskussion konkrete Ergebnisse erzielt werden – z. B. die Formulierung von Policy-Initiativen oder die Gründung von Institutionen.

Konferenzen dienen primär dazu, Informationen, die zumeist von Experten zu einem Thema bereitgestellt werden, an ein breites Publikum zu kommunizieren. Üblicherweise werden dazu Vorträge ge- und Podiumsdiskussionen abgehalten. Die Zielsetzung eines BarCamps ist jedoch eine andere. Bei BarCamps geht es darum, Ideen zu entwickeln und Themen mit allen Teilnehmern zu diskutieren. Dabei kommt es zentral darauf an, die zweiseitige Kommunikation aller Akteure zu ermöglichen. Bei einem BarCamp sind alle Besucher Akteure. Die zentrale Herausforderung bei einem BarCamp ist es also, die Veranstaltung so zu gestal-

Soziale Medien verändern den Politik-Zyklus

ten, dass sich möglichst viele Besucher engagieren und so möglichst viele Informationen ausgetauscht und Ideen entwickelt werden können.

Ein BarCamp ist eine moderne Form einer Konferenz, die auf dem Ansatz basiert, die Ideen und Informationen aller Besucher für die Veranstaltung zu nutzen. Die eigentliche Organisationsarbeit bei einem BarCamp umfasst den Aufbau einer Plattform für die Teilnehmer, auf der sie miteinander arbeiten können. Ein BarCamp überträgt damit gewissermaßen die Idee der sozialen Medien auf die Art der Veranstaltung einer Konferenz und baut auf der Tradition von Open-Space-Meetings auf.

Bei einem BarCamp sind weder die Diskussionsthemen noch die Vortragenden oder der Ausgang der Veranstaltung vorhersagbar. Mit der Terminankündigung wird zwar der grobe Rahmen gesetzt. Es ist aber bis zum Veranstaltungsbeginn offen, welche Fragen tatsächlich diskutiert werden. Hierüber entscheiden alle Teilnehmer gemeinsam zu Beginn der Konferenz bei der Sessionplanung. Jedoch kann jeder auch bereits vorher Vorschläge einreichen. Mit Hilfe einer Wiki-Software kündigen Teilnehmer ihre Workshops, Vorträge oder Diskussionsthemen kurz vor bzw. mittels Whiteboards und Pinnwänden oft auch erst während des Events an.

Dieser von Grund auf spontane Charakter ermöglicht eine interaktive Veranstaltung, durch die zur Diskussion und Netzwerkbildung angeregt wird: Die Teilnehmer kommunizieren bei einem BarCamp typischerweise vor, während und nach der Veranstaltung in Echtzeit durch Live-Blogs, Twitter oder andere synchronisierte Software über das Internet. Gleichzeitig wird sichergestellt, dass durch die eigenständige, spontane Themenankündigung und -auswahl durch die Teilnehmer nur die als relevant empfundenen Themen diskutiert werden. Zusammenfassend lässt sich ein BarCamp also als „Unkonferenz" beschreiben, weil das Ergebnis nicht maßgeblich von Rednern oder Referenten, sondern vom Engagement der Teilnehmer abhängt.

Für die Verwaltung bietet die Teilnahme an einem BarCamp oder dessen Veranstaltung die Möglichkeit, in direkten Kontakt mit Bürgern und Experten zu treten. Sie kann mit den Teilnehmern diskutieren, Ideen aufgreifen, die im Publikum entwickelt werden, und Feedback sammeln. Weil BarCamps zudem völlig offen für alle Interessierten sind, ist die Chance recht groß, auf sehr verschiedenartige Menschen und Gruppen zu treffen. Themen, die bisher noch nicht beachtet wurden, haben dadurch die Chance, in das Blickfeld der Verwaltung zu kommen. Gerade weil alle Teilnehmer eines BarCamps gleichberechtigt an der inhaltlichen Gestaltung teilnehmen, ist ein hierarchiefreier Austausch unter den Teilnehmern möglich. Hier kann die Verwaltung direkt und ungezwungen an Bürger herantreten, neue Menschen kennenlernen und geschäftliche Kontakte knüpfen. Zudem gründen sich auf BarCamps durch die niedrigen Barrieren zur Interaktion miteinander und den hohen Grad des Engagements der Teilnehmer häufig Arbeitsgruppen. Diese Arbeitsgruppen stammen häufig aus Vertretern verschiedener Berufsfelder. So können sie gerade durch ihre heterogene Zusammensetzung außergewöhnliche Ergebnisse erzielen. Durch diese Gruppenbildung kann die Wirkung eines BarCamps weit über die eigentliche Veranstaltung hinaus reichen.

Für die Bürger bietet ein BarCamp die Möglichkeit, mit entscheidenden Personen aus Verwaltung und Politik Kontakt herzustellen. Zudem können sie Inputs für Prozesse liefern und diese, sofern ihr Input Verwendung findet, sogar beeinflussen. Generell sind die Bürger bei BarCamps kein passiver Informationsempfänger: Sie können sich die Themen, über die sie diskutieren möchten, selbst aussuchen und die Ergebnisse in erheblichem Maße mitbestimmen.

Meist treten die zukünftigen Teilnehmer eines BarCamps bereits vorher über soziale Netzwerke in Kontakt und nennen bzw. diskutieren in Wikis Themen des kommenden BarCamps. Grundsätzlich kann jeder ein Thema vorschlagen und dazu eine Session leiten. Beim BarCamp selbst findet die Verteilung der Themen in einem transparenten Verfahren unter Beteiligung aller Teilnehmer statt. Zudem arbeiten alle an den Ergebnissen der Konferenz in Diskussionen und Arbeitsgruppen mit. Der völlig freie Zugang zum BarCamp schließt darüber hinaus niemanden aus.

Bei einem BarCamp spielen damit sowohl partizipatorische (Abstimmungen) und kollaborative (Zusammenarbeit der Teilnehmer) Elemente eine zentrale Rolle. Barcamps sind grundsätzlich vor allem für die Diskussion von Themen und Prozessen nützlich, die noch nicht weit entwickelt bzw. fortgeschritten sind. Für eine bloße Kommunikation eines Konzeptes oder einer Information sind BarCamps weniger geeignet.

Das regelmäßige Abhalten von BarCamps im öffentlichen Sektor könnte ein zentrales Element werden, um die Verwaltung und Politik für die Bürger offener zu gestalten. BarCamps bieten dabei die große Chance, die Verwaltung nicht mehr als etwas Anonymes, Unsichtbares erscheinen zu lassen, sondern sie anhand von Personen identifizierbar und somit kontaktierbar zu machen. Auch die Politik kann davon profitieren, wenn sie nicht nur Inhalte kommuniziert, sondern mit einer Diskussion von politischen Themen auf einem BarCamp Räume zur Mitgestaltung schafft. Bürger können sich dann eher mit den Politikern und vor allem den Ergebnissen von Politik identifizieren.

Auch innerhalb von Verwaltungen können von BarCamps entlehnte Ideen für Neuerungen sorgen. Z. B. wäre es denkbar, innerhalb der Verwaltung regelmäßige BarCamp-ähnliche Sitzungen abzuhalten. Grundsätzlich müsste die Leitungsebene dazu ein generelles Thema vorgeben. Man könnte ein Wiki ein-

Soziale Medien verändern den Politik-Zyklus 35

richten, auf dem Mitarbeiter der Abteilung im Zeitraum von z. B. einer Woche Themen sammeln, die sie gerne diskutieren möchten. Ebenfalls online könnten sie dann darüber abstimmen, welche Fragestellung besprochen werden soll. An einem bestimmten Tag und Ort treffen sich anschließend die Mitarbeiter, diskutieren Probleme und erarbeiten Lösungen.

1.8.2 Bürgerhaushalt

Die Grundidee der Bürgerhaushalte[5] ist es, Bürger als Ideengeber für die Erstellung eines Haushaltes zu nutzen. Zum ersten Mal wurde diese Idee in Brasilien in den späten 1980er Jahren im Zuge der dortigen Redemokratisierung nach der Ablösung der Militärdiktatur umgesetzt. Seit Ende der 1990er Jahre beteiligten mehr als 70 brasilianische Städte ihre Bürger an der Haushaltsvergabe – allen voran Porto Alegre. Die Ziele der Bürgerhaushalte sind es, ein besseres Verständnis der Interessen der Bevölkerung zu erhalten, demokratische Prinzipien zu stärken und die Offenheit von Politik und Verwaltung zu erhöhen.

In den letzten Jahren war eine wachsende Politikverdrossenheit auch in der deutschen Kommunalpolitik zu beobachten. Dies lässt sich u. a. auch darauf zurückführen, dass mangelnde Offenheit von Entscheidungsprozessen zu dem Eindruck führt, die Politik entscheide immer weniger im Sinne der Bürger. Ebenfalls erweist sich die Kommunikation von Prozessen und deren Ergebnissen als mangelhaft. Insgesamt hat dies zu einer Distanz zwischen Bürgern und Politik und Verwaltung geführt.[6]

Die Einbeziehung der Bürger in die Erstellung des jährlichen Haushalts einer Kommune kann deshalb eine besonders wirksame Maßnahme gegen Politikverdrossenheit darstellen, weil die Verteilung der Finanzen eine der zentralen Entscheidungen in der Politik darstellt. Bürgerhaushalte stehen grundsätzlich für die Idee, die Verteilung des öffentlichen Haushaltes von den Bürgern mitbestimmen zu lassen. Sie zielen darauf ab, bei den öffentlichen Finanzen einen Dialog zwischen Bürgerschaft und Politik bzw. Verwaltung herzustellen.

In der Entstehung eines Bürgerhaushaltes stellt die Verwaltung den Bürgern zunächst Informationen, z. B. zur aktuellen Haushaltslage, zur Verfügung.

Aufgrund dieser ersten Auskünfte kann die Bevölkerung Vorschläge (z. B. zu Baumaßnahmen oder anderen Projekten) per Internet, per Telefon oder per-

---

5 Weitere Informationen zum Thema Bürgerhaushalt finden sich auf der von der Bundeszentrale für Politische Bildung unterstützten Seite: www.buergerhaushalt.org.

6 Märker et al. stellen fest: Große Distanz, sowie geringes Vertrauen zwischen Bürgern und Politik besonders zur Bundespolitik, „E-Partizipation – Elektronische Beteiligung von Bevölkerung und Wirtschaft am E-Government" Bremen, Januar 2008, S. 7.

sönlich an die Verwaltung übermitteln, die diese als Diskussionsgrundlage sammelt. Diskussionen können in Internetforen, aber auch an Stammtischen oder bei organisierten Treffen der Stadtverwaltung stattfinden. Wichtig ist dabei, dass sich die Teilnehmer darüber einig werden, welche kommunalen Probleme sie als so wichtig empfinden, dass dafür mehr Geld ausgegeben werden sollte. Eine Einigung kann z. B. über ein Ranking bzw. Reihung der dringendsten Probleme im Internet geschehen – wie bereits in den Prozessen der Bürgerhaushalte in Potsdam und Erfurt realisiert. Sobald ein Konsens unter den Bürgern erzielt wurde, gehen die Vorschläge als Input in die regulären Entscheidungsprozesse zum Haushalt ein. Letztlich muss dann die gewählte Vertretung (z. B. der Gemeinderat) über den Haushalt abstimmen.

Bürgerbeteiligungshaushalte sind bisher u. a. in Potsdam, Erfurt und Hamburg umgesetzt. In Hamburg wurden auch soziale Medien zur Information der Bevölkerung eingesetzt. So wurden auf der Hamburger Bürgerbeteiligungsplattform Videointerviews mit Haushaltsfachsprechern aller Bürgerschaftsfraktionen veröffentlicht. Zudem konnten Bürger mit führenden Politikern in Video-Chats und Forendiskussionen live diskutieren.

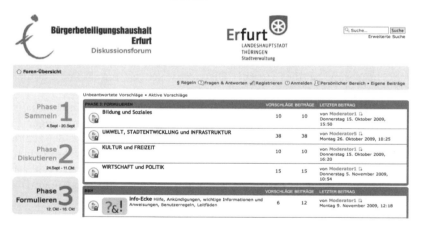

Abbildung 3:   Screenshot Bürgerhaushalt in Erfurt

Bürgerhaushalte haben für Politik und Verwaltung vor allem den Vorteil, dass sie eine direkte Beziehung zwischen den Bürgern und den Entscheidungsträgern ermöglichen. Die Entscheidungsträger können sich darauf beziehen, dass sie die Ideen und Vorschläge der Bevölkerung direkt umsetzen – falls sie sich dafür entscheiden, dies zu tun. Auf dieser Grundlage können die Entscheidungsträger und die Verwaltung besser als Vertreter der Bürgerschaft auftreten – die Legitimität ihrer Handlungen steigt. Mit der schrumpfenden Distanz zwischen Bürgern und Verwaltung kann ein entscheidender Faktor der Politikverdrossenheit vermindert werden. Darüber hinaus wird die Verteilung des Haushaltes besser an die Bedürfnisse der Bevölkerung angepasst. Durch deren Input rücken manche Probleme erst ins Bewusstsein der Verwaltung oder können besser gewichtet werden. Die Qualität der Haushaltsentscheidung steigt damit im Sinne der Bürger.

Für die Bevölkerung ergibt sich vor allem der Vorteil, ihre Anliegen direkt in den Haushalt einbringen zu können. Zudem kommt sie besser in Kontakt mit der Verwaltung und erhält dadurch Informationen zu Prozessen und Sachfragen. Die Prozesse innerhalb der Verwaltung werden offener. Daher ist zu erwarten, dass auch das Verständnis der Bürger dafür, wie Verwaltung funktioniert, steigt.

Bei Bürgerhaushalten ändern sich die traditionellen Rollen von Bürgern und Verwaltung. Die Bürger werden aktiv und machen Vorschläge. Die Verwaltung nimmt diese Vorschläge auf und integriert sie in ihre Prozesse. Voraussetzungen für diese Vorschläge sind ein offener, fairer und demokratischer Beteiligungsprozess, der auch von den Bürgern mitbestimmt ist, und eine vorherige Bereitstellung von Infrastruktur (z. B. Internetplattform, Bürgerbüros – „Schnittstellen") durch die Verwaltung. Die Ergebnisse beruhen auf einer Zusammenarbeit innerhalb der Bürgerschaft. Bürgerhaushalte sind also maßgeblich auf die Beteiligung der Bürger, auf produktive Zusammenarbeit und die Öffnung der Entscheidungsprozesse zur Haushaltserstellung angewiesen.

Besonders auf kommunaler Ebene sind Beteiligungsverfahren von Bürgern in vielen Bereichen denkbar. Beispiele aus der Stadtplanung haben gezeigt, dass eine Bürgerbeteiligung bei der Entscheidung zur Bebauung eines wichtigen Platzes in einer Stadt gleichzeitig gute Lösungen generieren und einen Konsens der Bürgerschaft mit der Verwaltung herstellen kann.

Eine Bürgerbeteiligung an Entscheidungsprozessen kann aber, solange Probleme der Repräsentativität nicht gelöst sind, nur als ergänzendes Element zum Entscheidungsprozess in einer repräsentativen Demokratie gesehen werden. Die bisherige Erfahrung zeigt, dass nur ungefähr ein Prozent der Bürgerschaft Vorschläge einreicht. Diese sind aber meist von hoher Qualität. In Erfurt wurden schon 2009 von 85 Vorschlägen 73 an den Stadtrat weitergereicht.[7] Aus Bürgerbeteiligungsprozessen entsteht somit wertvoller Input für Entscheidungsprozesse, der nicht verlorengehen darf. Er kann aber nicht als Ersatz für repräsentative Entscheidungsverfahren gelten.

---

7 „Erfurt.de – Aktuelle Meldung vom 09.11.2009." http://www.erfurt.de/ef/de/engagiert/bbhaushalt/aktuelles/2009/34086.shtml.Zugriff am 13. November 2009.

1.8.3 Kollaboratives Citizen-Relationship-Management

Die Stadt New York hat es mit NYC 311 geschafft, ihre Dienstleistungen besser an die Bedürfnisse der Bürger anzupassen. Die Besonderheit ist dabei, dass sie dies geschafft hat, indem sie die Bürger für die optimale Erbringung der Dienstleistungen instrumentalisiert: Bürger arbeiten mit der Stadtverwaltung an der Verbesserung der Stadt. New York City verfügt über eine der größten Stadtverwaltungen des Landes. Für acht Millionen Einwohner erbringt sie mit einem Budget von ca. 40 Mrd. Euro über 3.000 verschiedene Dienstleistungen.[8] Auch wenn die Verwaltung selbst nominell mit 3.000 einzelnen Services der größte Dienstleister der Stadt ist, war die Inanspruchnahme einer öffentlichen Leistung bisher für die Bürger keine einfache Angelegenheit. Schon das Auffinden der zuständigen Stelle, die für die Erbringung der gewünschten Dienstleistung zuständig ist, war ein kompliziertes Unterfangen: Auf 14 Telefonbuchseiten verwiesen über 4.000 einzelne Nummern auf Ansprechpartner in Behörden.

Im Jahr 2002 wollte die Administration Bloomberg diese Situation der Stadt verändern[9]: Ziel war es, eine Verwaltung zu schaffen, die die Dienstleistungen zum Bürger bringt. Dazu sollten die Interaktionsprozesse zwischen Behörden und Bevölkerung vereinfacht werden.

Der Ansatz zur Lösung des Problems bestand in einem ersten Schritt darin, eine einheitliche Behördennummer (311) einzurichten, unter der die Bürgerinnen und Bürger die Stadtverwaltung rund um die Uhr erreichen können.

In einem zweiten Schritt richtete die Stadtverwaltung ein Online-Portal ein, über welches die Bevölkerung Beschwerden abgeben kann. Damit informieren sich die Bürgerinnen und Bürger an einer zentralen Stelle, wie viel z. B. die Müllabholung kostet und beschweren sich auf derselben Seite, wenn ihr Müll nicht abgeholt wurde. Dies ist mittlerweile auch mit Anwendungen für den mobilen Zugriff möglich.

---

8 Accenture. „City of New York: NYC 311." NYU.
Wagner. http://www.wagnerbriefing.com/downloads/gov_311_case00a.pdf.

9 DiGiulio, Tom. „Institute for Citizen-Centred Service (ICCS) – Integrating Service Delivery Case Study – New York City 311." Institute for Citizen-Centred Service. http://www.iccs-isac. org/en/isd/cs_new_york_311.htm.

Soziale Medien verändern den Politik-Zyklus

Abbildung 4: Screenshot von NYC 311[10]

NYC 311 hat für die Bevölkerung vor allem den Vorteil, dass die Schwelle, sich an die Verwaltung zu wenden, sinkt. Die Bürger finden schnell zu allen Problemen, die das öffentliche Leben betreffen, einen zentralen Ansprechpartner.

Die Verwaltung wiederum gelangt über die Online-Plattform an Informationen zur Lage der Stadt, die sie sonst nicht bekommen würde. Sie verfügt über eine Datenbank, die Informationen zu über 7.000 verschiedenen Themen bietet.[11] Die Bedürfnisse der Bürger sind für die Verwaltung durch die häufigeren Bürgerkontakte besser bestimmbar, was auch die Servicequalität erhöht. Die Einrichtung einer Internetplattform brachte für die Verwaltung zudem einen enormen Effizienzgewinn: Beschwerden müssen nicht mehr manuell eingegeben werden, da die Bürger dies selbst erledigen können und über Bewertungsfunktionen Bedürfnisse priorisieren können.

Mit einer neuen Initiative, dem „NYC BigApps"-Wettbewerb, muss die Verwaltung zudem noch nicht einmal ihre Software zur Analyse der Daten selbst erstellen: Die Stadt hatte einen Wettbewerb mit Laufzeit bis Januar 2010 ausgeschrieben, bei der das beste von einem Bürger erstellte Tool zur Datenauswertung

---

10 „311 Online TLC Complaint." NYC 311. http://www.ci.nyc.ny.us/apps/311/allServices.htm?requestType=Navigation.
11 „311 Online About." NYC 311. http://www.ci.nyc.ny.us/apps/311/about.htm.

gekürt wurde.[12] Die Initiative beruht auf der Idee, die Fähigkeiten der Bürger zu nutzen – in diesem Fall ihre Programmierkenntnisse – um die Prozesse der Verwaltung zu verbessern. Am 24. November 2009 waren 2.688 Bürger registriert, die bei der Initiative mitarbeiten oder sie unterstützen.[13]

NYC 311 ist vor allem deshalb ein Beispiel für den intelligenten Einsatz von sozialen Medien, weil die Interaktion zwischen Bürgern und Verwaltung im Mittelpunkt des Konzeptes steht. Der Bürger arbeitet mit der Verwaltung zusammen (Kollaboration), indem er ihr Informationen zur Verfügung stellt. Zudem nutzt die Stadt die Fähigkeiten der Bürger in der Auswertung der Informationen, indem sie Bürger in Wettbewerben Analysesoftware programmieren lässt (Kollaboration). NYC 311 ist darüber hinaus ein Beispiel dafür, wie die Strukturen der Verwaltung auf die Bedürfnisse der Bürger zugeschnitten werden. Der Schlüssel ist dabei die einfachere Kommunikation zwischen Bürgern und Verwaltung über einen Zugangspunkt. Die Verwaltung wird zum Problemlöser und Dienstleister des Bürgers; der Bürger hilft der Verwaltung, Probleme besser zu lösen und Dienstleistungen zu optimieren.

Auch in Deutschland existieren bereits ähnliche Modellprojekte. Das Projekt D115, die Einführung einer einheitlichen Behördenrufnummer, geht sogar über NYC 311 hinaus, weil diese deutschlandweit gelten soll. Besonders der Anspruch von D115, *alle* Behördendienstleistungen zu vereinen, ist sehr hoch, weil dazu ein hoher Grad an Kooperation zwischen Bund, Ländern und Kommunen notwendig ist. Allerdings spielt die Datenaggregation und -auswertung bei D115 eine weniger wichtige Rolle. Darüber hinaus könnte eine solche Plattform dazu genutzt werden, um Bürgern ein Forum für Vorschläge zur Verbesserung der Behördendienstleistungen zu bieten. So könnte die Verwaltung durch das Aufgreifen von Informationen und Vorschlägen der Bürger noch bedarfsgerechtere Dienstleistungen anbieten.

1.8.4 Open Government Data

Offene Verwaltungsdaten sind Datensätze des öffentlichen Sektors, die zur Weiterverbreitung und zur freien Weiterverwendung frei zugänglich gemacht werden. Die Idee, dass staatliche Daten weiterverwendet werden könnten, hat sich mit dem Aufkommen von soziale Medien und dem Web 2.0 weltweit verstärkt, auch wenn es das Thema schon länger gibt: GPS ist ein globales Satellitensystem zur Positionsbestimmung, das sich als das weltweit wichtigste Ortungsverfah-

---

12   „NYC BigApps." NYC BigApps. http://www.nycbigapps.com/.
13   Ebd.

ren etabliert hat und in Navigationssystemen weitverbreitet genutzt wird. Als im Jahr 1983 der Flug 007 der Koreanischen Fluggesellschaft über dem Territorium der Sowjetunion abgeschossen wurde, hat der damalige Präsident Ronald Reagan bekanntgegeben, dass das (damals zukünftige) Satellitenortungssystem für die zivile Nutzung frei und kostenlos verfügbar gemacht werden soll. Die Entwicklungskosten (5-10 Milliarden US-Dollar) und die jährlichen Betriebskosten (ca. 1 Milliarde US-Dollar) wurden von der amerikanischen Regierung übernommen. Heute hat sich um diese Basistechnologie ein Mehrwert-Ökosystem von Firmen entwickelt, das ein jährliches Volumen von ca. 50 Milliarden US-Dollar hat, sekundäre Abstrahleffekte (Logistik, Personenverkehr, Sicherheit) von mehreren Billionen Dollar generiert und als notwendige Grundlage unserer globalisierten Wertschöpfung dient.

Mehrwert-Ökosysteme und Abstrahleffekte in ähnlichem Ausmaß können auch generiert werden, wenn die in Deutschland, Österreich und der Schweiz dezentral verfügbaren digitalen Daten flächendeckend, einheitlich und strukturiert verfügbar gemacht werden. Dies wurde inzwischen auch von Politik und Verwaltung erkannt, und es gibt in allen drei Ländern Internetplattformen, um die offenen Daten der Verwaltungen zu konsolidieren. Am Beispiel der USA, die damit schon 2009 begonnen haben, kann man diese Entwicklung gut verfolgen: Über die Internetplattform Data.gov kann der Bürger bzw. die Bürgerin Daten der US-Regierung an einem zentralen Ort abrufen. Diese werden dort in einer Weise bereitgestellt, in der sie von Bürgern weiterverarbeitet werden können. Damit wird die Grundlage für einen transparenten Staat geschaffen. In Amerika gibt der Freedom of Information Act von 1966 jedem Bürger das Recht, Zugang zu allen Daten der US-Bundesregierung zu erhalten, sofern diese nicht einer expliziten Ausnahmeregelung unterliegen (etwa die nationale Sicherheit oder den Datenschutz betreffend).[14] Da dieses Gesetz die US-Regierung nicht verpflichtet, Daten systematisch zu veröffentlichen, wurden diese bisher nur sporadisch und nicht aufeinander abgestimmt von etwa hundert der 578 US-Bundesbehörden der Öffentlichkeit zur Verfügung gestellt.[15] Zudem waren die herausgegebenen Daten nur sehr schwer systematisch zu analysieren, da keine einheitlichen und offenen Formate verwendet wurden. Durch diese passive Auslegung des Freedom of Information Act fiel es der US-Öffentlichkeit schwer, umfassende Informationen zu den Aktivitäten der Regierung zu erhalten und deren Erfolge messbar zu machen.

---

14   Office of Information and Privacy (OIP). „U.S. Department of Justice Freedom of Information Act (FOIA) General Information." http://www.justice.gov/oip/. Zugriff am 14. November 2009.

15   „U.S. Federal Government: USA.gov." USA.Gov Government Made Easy. http://www.usa.gov/Agencies/federal.shtml.

Zeitlich versetzt wurden in Österreich, Deutschland und der Schweiz ebenfalls offizielle Open-Government-Data-Projekte etabliert. Im deutschen Sprachraum war die Stadt Wien die erste öffentliche Behörde, die ihre Verwaltungsdaten über ein dediziertes Datenportal anbietet. Weitere Städte wie Berlin und Zürich folgten. Diese Open-Government-Data-Initiativen haben auch das Ziel, eine neue Kultur der Offenheit in Regierungen und Verwaltungen zu etablieren. Dabei spielen die zentralen Datenportale eine entscheidende Rolle: Auf Bundesebene wurden sowohl in Deutschland als auch in Österreich Portale geschaffen, welche einen Überblick über alle föderal veröffentlichten (offenen) Verwaltungsdaten bieten. Aktuell (April 2013) verlinkt das deutsche Datenportal (www.govdata.de) auf 3121 Datensätze und das österreichische (www.data.gv.at) auf 703 Datensätze. Um den Bürgern die Datenanalyse zu erleichtern, wurden Wettbewerbe auf Bundesebene und lokaler Ebene ausgeschrieben, deren Ziel es war, Webanwendungen auszuzeichnen, die Daten möglichst verständlich für den Laien darstellen. So ist es z. B. möglich, mit Hilfe der Software einfache Zusammenhänge zu erkennen und visuell auf Landkarten darzustellen.[16]

Abbildung 5: Screenshot von govdata.de

Die Open-Data-Portale fungieren als Plattformen, die Daten zur Verfügung stellen, aber die Entscheidung, welche Anwendungen programmiert werden, treffen

---

16 Tim O'Reilly, Gov 2.0: A Promise Of Innovation, in „State of the eUnion" (21gov.net, 2009), 32.

Soziale Medien verändern den Politik-Zyklus 43

die Entwickler. Bürger bekommen so Daten übersichtlich zur Verfügung gestellt, die sie sonst nur schwer aufgefunden werden können. Regierungen und Verwaltungen entscheiden nicht mehr, in welcher Weise die Daten analysiert, dargestellt oder verwendet werden, diese Entscheidung liegt letztendlich beim jeweiligen Anwender. Bürger können somit anhand von mehr Daten und anhand einer Offenlegung der Methoden zur Analyse dieser Daten einen tieferen Einblick in die Aktivitäten der Regierung und der Verwaltung bekommen.[17] Folglich werden die Prozesse transparenter und damit nachvollziehbarer.

Auf Basis dieser Transparenz können die Bürger sicherstellen, dass Regierung und Verwaltung in ihrem Sinne arbeiten. Die höhere Transparenz und Überprüfbarkeit der Prozesse bietet einen Anreiz für Regierung und Verwaltung, zielgerichteter und effektiver zu arbeiten. Dies wirkt sich positiv auf die staatliche Kapazität aus.[18]

Die Art und Weise, in der Prozesse für die Bevölkerung mit Hilfe der Datenportale geöffnet werden, ist neu. In diesen Fällen bedeutet dies nicht nur eine Offenlegung von Daten, sondern vielmehr werden diese in einem Format bereitgestellt, das es den Bürgern ermöglicht, sie selbst zu analysieren und zu interpretieren. Dieses Konzept basiert auf der Annahme, dass unter den richtigen Rahmenbedingungen die Bürger selbst am besten imstande sind, Transparenz zu schaffen. Open-Government-Data-Portale sind Plattformen, die Bürger zur Zusammenarbeit mit Regierung und Verwaltung anregen und diese in die Verwaltungsprozesse einbinden können. Das kann der Verwaltung helfen, die Ressourcen der Bürger zum eigenen *und* zu deren Vorteil zu nutzen.

---

17 Ed Felten plädiert in seinem Blog sogar für die Offenlegung des Codes für E-Voting Systeme. Er argumentiert, dass durch einen offenen Code der Wahlprozess für die Bürger transparent und kontrollierbar wird und damit die Bürger Vertrauen in ihr Wahlsystem und damit in die Demokratie gewinnen. Quelle: http://www.freedom-to-tinker.com/blog/felten/sequoia-announces-voting-system-published-code.

18 Lee Bryant, People Power Can Reboot a Nation, in „State of the eUnion" (21gov.net, 2009), 252.

2 Social Media in der öffentlichen Verwaltung

Die öffentliche Verwaltung steht vor der Herausforderung, ob und inwieweit sie (bzw. ihre Mitarbeiter) sich den sozialen Netzwerken und Medien öffnen und an diesen – in ihrer spezifischen Funktion als öffentliche Verwaltung – partizipieren will. Offensichtlich gelten dabei andere – auch rechtliche – Grundsätze als bei der privaten *Andere Maßstäbe für die Nutzung sozialer Medien durch die öffentliche Verwaltung als bei Privatpersonen* Entscheidung, einen Facebook-Account zu eröffnen oder bestimmte Nachrichten mit Freunden oder Followern zu teilen. Vergleichbar erscheint die Situation anderer Organisationseinheiten, z. B. von Unternehmen, Parteien, NGOs oder ähnlichen Akteuren.

Zum Teil wird der Eindruck vermittelt, ein besonderer Regelungsbedarf bzw. das Bedürfnis, sich mit dem Phänomen Social Media in der öffentlichen Verwaltung" auch aus rechtlicher Perspektive zu befassen, bestehe nicht, zumal gar keine entsprechenden Aktivitäten existierten oder diese ohne größere Probleme *Die öffentliche Verwaltung ist bereits in den sozialen Medien angekommen.* unter Rückgriff auf bestehende Regelungen (zur Verwaltungskommunikation) bewältigt werden könnten. Verfolgt man die Diskussion von Verwaltungsthemen und die Aktivitäten von Politikern, Ministerialbeamten, Bürgermeistern, (vor allem kommunalen) Gebietskörperschaften sowie anderen öffentlichen Stellen im Netz, zeigt sich aber ein vielfältigeres Bild.

Soziale Medien sind zwar noch nicht so lange Teil der E-Government-Landschaft wie z. B. behördeneigene Webseiten, allerdings kann die öffentliche Verwaltung die Nutzung durch die Bürger und die damit verbundenen Erwartungen nicht mehr ignorieren. Diese Entwicklung kann nicht mehr als ein flüchtiges Phänomen abgetan werden, das schnell vorübergeht. Viele Behörden haben dies bereits erkannt und folgerichtig den mutigen Schritt getan, Social Media in ihre Kommunikationsstrategie zu integrieren.

Offiziell werden soziale Medien insbesondere für die Öffentlichkeits- und Pressearbeit eingesetzt. Parallel dazu haben aber auch einzelne Verwaltungsmitarbeiter – aus allen Hierarchieebenen – begonnen, sie als Werkzeuge (auch für ihre Arbeit) zu nutzen. Die Bandbreite der Erscheinungsformen reicht von Handlungsweisen, bei denen der Bezug zur dienstlichen Tätigkeit kaum erkennbar ist, über die Nutzung als bloße Informationsquelle bis hin zu einer sehr offenen Diskussion auch beruflicher Themen über Twitter, in Blogs, Foren oder anderen sozialen Netzwerken und Medien, wobei sich sowohl offizielle Accounts der Behörde oder einzelner Abteilungen (sog. Funktionsaccounts) als auch persönliche Mitarbeiterprofile finden lassen.

Viele Beamte im öffentlichen Dienst nutzen soziale Medien zudem – privat – in ihrer Freizeit, um z. B. Neuigkeiten mit ihren Familienmitgliedern und Freunden auf Facebook zu teilen, Musikvideos auf YouTube anzuschauen, über wichtige Ereignisse zuerst auf Twitter zu lesen oder Fotos auf Flickr zu teilen. Viele Bürger nutzen soziale Medien darüber hinaus, um Zugang zu sog. Breaking News zu erhalten und so nahezu in Echtzeit Nachrichten zu lesen, die früher hauptsächlich über Fernsehsendungen oder Tageszeitungen verteilt wurden. Das hat dazu geführt, dass bestehende Businessmodelle und Kommunikationsmuster in Frage gestellt wurden und sich von Grund auf verändert haben. Das lässt sich u. a. an der zurückgehenden Bedeutung der gedruckten Tageszeitungen ablesen. Diese Veränderungen muss auch die öffentliche Verwaltung akzeptieren.

Die öffentliche Verwaltung muss auf veränderte Realbedingungen reagieren.

Festhalten lässt sich aber auch, dass sich die Social-Media-Aktivitäten der Verwaltung weitgehend unreglementiert und unter rechtlichen Aspekten zum Teil auch unreflektiert vollzogen haben. Die politische oder Verwaltungsführung einer Behörde hat (mit einer Ausnahme im Bereich der Öffentlichkeitsarbeit) kaum steuernden Einfluss auf derartige Aktivitäten – es sei denn, sie gehört selbst zum aktiven Nutzerkreis. Zum Teil existieren keine Absprachen der Beteiligten, die Online-Aktivitäten der Mitarbeiter werden geduldet und wohl teilweise auch begrüßt. Weiterhin gibt es bilaterale Absprachen, die eine bestimmte Form der Social-Media-Kommunikation erlauben oder bestimmte Vorgaben machen. Die fehlende Transparenz über solche internen Vorschriften bewirkt jedoch oft eine große (Rechts-) Unsicherheit auf Seiten der Mitarbeiter im Umgang mit den neuen Kommunikationstechnologien.

Intransparente Regelungen und Vorgaben führen zu Rechtsunsicherheit

2.1 Social Media trifft auf bürokratisch-hierarchische Struktur

Aufgrund der Besonderheiten der Social-Media-Kommunikation lässt sich dieses Phänomen auch nicht vollständig über bestehende Regelwerke abbilden. Einige spezifische Merkmale von Social Media stehen den Grundsätzen der deutsch-österreichischen (bürokratischen) Verwaltung, die oft auch rechtlich ausgeformt sind, diametral gegenüber:

- So vollzieht sich die Kommunikation über soziale Medien allgemein (und damit auch, wenn die öffentliche Verwaltung, in welcher Form, Art und Weise auch immer, an ihr partizipiert) in der Regel nicht-hierarchisch, d. h. die Kommunikation findet auf allen Ebenen (der öffentlichen Verwaltung) statt bzw. es wird eine Reaktion aller Ebenen erwartet. Die Einhaltung des Dienstwegs mag nicht so recht in dieses Kommunikationsideal passen.
- Die Welt der Social Media bzw. des Web 2.0 ist von schnellen Reaktionszeiten geprägt. Bürger posten, wann immer und von wo immer sie wollen, die „Community" reagiert in der Regel auf die gleiche Weise, sodass eine schnelle, zeitnahe und ungefilterte Reaktion von allen Kommunikationsteilnehmern erwartet wird. Dies kann die bisherige Behördenorganisation nicht abbilden; der Verweis auf Behördenöffnungszeiten oder das Abschalten von Kommentarfunktionen zu bestimmten Zeiten erscheinen in diesem Kontext wenig zielführende Problembewältigungsstrategien.
- Zudem entstehen aus der leichteren Durchsuchbarkeit und Verknüpfbarkeit von Einzeläußerungen sowie der langfristigen Verfügbarkeit besondere Gefahren – z. B. in Form einer größeren „Streuwirkung" von Einzelmeinungen oder einer fälschlicherweise vorgenommenen Zurechnung zur Gesamtorganisation. Letzteres untermauert das Erfordernis einer strikten – ggf. rechtlich zu konkretisierenden – Trennung von Privat- und behördlicher Meinung, von dienstlichen und privaten Aktivitäten (dazu sogleich 2.2).

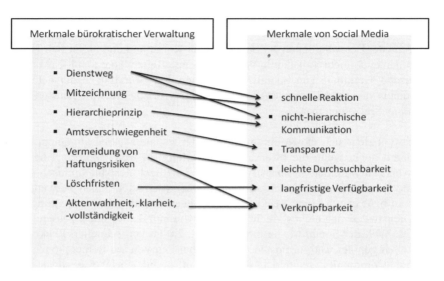

Abbildung 6: Konfliktfelder zwischen bürokratischer Verwaltung und Social Media

Durch das veränderte Online-Konsumverhalten der Bürger wachsen die Erwartungen an die öffentliche Verwaltung, z. B. was erhöhte Transparenz, Beteiligung und Kollaboration betrifft. Bürger sind mittlerweile Teil einer veränderten Medienlandschaft geworden, in ähnlicher Form wie auch Medien oder Politiker. Es ist für alle Beteiligten in der Medienlandschaft gleich einfach, Inhalte, Neuigkeiten und digitale Medien zu produzieren. Es gibt kaum mehr eine Zeitverzögerung wie den bisherigen 24-Stunden-Medienzyklus – bei dem

Nachrichten durchlaufen zuerst den 140-Zeichen-Nachrichtenzyklus, bevor sie in den Abendnachrichten oder der Tageszeitung publiziert werden.

Reporter Zeit hatten, ihre Artikel zu verfassen und die Leser dann am nächsten Morgen in ihrer Tageszeitung von aktuellen tagespolitischen Geschehnissen erfuhren. Viele Medien der Social-Media-Landschaft erlauben es Bürger hingegen, genauso schnell informiert zu sein wie Politiker oder Journalisten selbst. Dieses Phänomen wird bereits als der „140-Zeichen-Medienzyklus" bezeichnet.

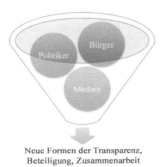

Abbildung 7: Soziale Medien als Politikinstrument

Es reicht jedoch nicht, soziale Medien nur als zusätzlichen Kommunikationskanal anzusehen oder als sog. Coolness-Faktor zusätzlich zu den E-Mail-Kontakten und den Kontaktformularen auch noch Links zur Facebook- oder Twitter-Präsenz auf der behördeneigenen Webseite zu platzieren. Im Gegenteil: Ohne eine Strategie, die in die bestehenden Zuständigkeiten und Aufgabenbereiche einer Behörde integriert ist, werden fast alle Bemühungen im Sande verlaufen und die einmal aufgesetzten Seiten auf Facebook und Twitter leicht verwahrlosen. Als Ergebnis werden sich die Bürger von der öffentlichen Verwaltung abwenden und bereits bestehende negative Vorurteile bestätigt sehen.

2.2 Nutzenanlässe und Zielsetzungen für die Verwaltungseinheiten

Soziale Medien sollen daher andere Formen der Kommunikation innerhalb der Verwaltung nicht ersetzen. Sie bieten der Behörde aber einen zusätzlichen Kommunikationskanal, der im Idealfall auch für den Dialog mit Bürgern genutzt werden kann.

Wesentlich ist, dass mit den Social-Media-Aktivitäten klare Ziele verfolgt werden und diese nicht als Selbstzweck dienen. Denkbar sind z. B. ein Facebook-Auftritt, um Jugendliche für den öffentlichen Dienst zu werben, PR-Aktivitäten für einen speziellen Service der Behörde oder die Nutzung von Social Media zur Prävention durch Aufklärung. Mitarbeiter des öffentlichen Dienstes verfügen über wertvolle berufliche Kompetenzen, die mit Hilfe von Social-Media-Services an den Bürger weitergegeben werden können. Neben diesen externen Potenzialen können die Dienste auch für die Verbesserung der internen Kommunikation genutzt werden.

Zieldefinition ist unerlässlich.

Je nach Ziel und Zielgruppe sollte dann auch die passende Social-Media-Platt-form bzw. eine Mischung von Diensten ausgewählt werden – das kann z. B. Facebook sein, muss es aber nicht. Die Zielgruppe der Unternehmen wird auf der Geschäftsplattform Xing besser anzutreffen zu sein als auf Facebook, während die Zielgruppe der Jugendlichen derzeit primär Facebook nutzt (vor einigen Jah-ren war dies im deutschsprachigen Raum noch studiVZ).

Neben einer Differenzierung von Zielsetzungen und Zielgruppen ist die wichtigste Unterscheidung die Abgrenzung von dienstlichen Aktivitäten und pri-vaten Handlungen. Diese ist derzeit vor allem angesichts fehlender Regelungen für die dienstliche Kommunikation nur schwer nach-vollziehbar.

Dienstliche Aktivitäten und privates Verhalten müssen getrennt betrachtet werden.

Dass neben – explizit zugelassenen – dienstlichen Social-Media-Aktivitäten auch die private Nutzung (im Rahmen der ggf. bestehenden Einschränkungen während der Arbeitszeit) zugelassen bleibt, dürfte unbestritten sein (ist sie doch auch Teil der grundrechtlich geschützten Meinungsfreiheit). Dennoch ist ein Zu-griff des Dienstherren bzw. des Arbeitgebers auf das private Verhalten nicht voll-ständig ausgeschlossen und lässt sich auch im geltenden Recht bereits finden.

Die Anwendungsfälle des Einsatzes von sozialen Medien für die öffentliche Verwaltung bzw. ihre Mitarbeiter lassen sich wie folgt kategorisieren:

Tabelle 2: Private und dienstliche Nutzung von Social Media

dienstliche Nutzung		
Aktiv	*Passiv*	
Presse- und Öffentlichkeitsarbeit Bürgerinformation und -anfragen fachlicher Diskurs interne Kollaboration Einbindung von Bürgern in Verwaltungsaufgaben (z. B. „Internet-Fahndung")	Internet-Recherche / „Online-Streife" Social-Media-Monitoring	Private Nutzung

Die Differenzierung der dienstlichen Anwendungsfälle ist schon deshalb erforder-lich, da ggf. andere rechtliche Rahmen existieren (so ist der Bereich der Presse- und Öffentlichkeitsarbeit in der Regel gut strukturiert, bei der Internet-Fahndung sind die Grundrechte der Betroffenen zu berücksichtigen), sodass sich der erforderliche

(Neu-)Regelungsaufwand beim Verzicht auf bestimmte Angebote reduziert, sich z. B. bei der Ermöglichung des fachlichen Diskurses aber erhöhen dürfte.

Der Einsatz sozialer Medien zur Presse- und Öffentlichkeitsarbeit dient dazu, interessierte Bürger und Medienvertreter besser und schneller mit relevanten Informationen zu versorgen und diejenigen Kanäle zu bedienen, die aufgrund ihrer Zusatzfunktionalitäten (z. B. leichtere Durchsuchbarkeit, schnellere Verfügbarkeit) mittlerweile primär genutzt werden. Für die „nicht-professionellen" Adressaten solcher Mitteilungen wird zudem der Eindruck von Modernität vermittelt. Ansonsten decken sich die Zielsetzungen mit der klassischen Presse- und Öffentlichkeitsarbeit bzw. allgemein der Informationstätigkeit der öffentlichen Verwaltung, sodass sich auch die anwendbaren Rechtsregeln entsprechen. Bei der Öffentlichkeits- und Informationstätigkeit *Vielfältige Informationsanlässe für Bürger, bis hin zur Krisenkommunikation* handelt es sich überwiegend um eine freiwillige Aufgabe der öffentlichen Verwaltung, sodass eine (auch ausschließliche) Verlagerung auf andere Kommunikationsformen und Medien weitaus unkritischer ist als z. B. ausschließlich elektronisch durchführbare Verwaltungsverfahren (Schulz 2011, S. 127).

Soweit die sozialen Medien auch zur *Bürgerinformation* (bis hin zu einer Krisenkommunikation) und zur Beantwortung von Bürgeranfragen genutzt werden, kann dies die Bürgernähe und damit die Identifikation z. B. mit einer Kommune steigern. Zudem kann der einfachere, schnellere und ungefilterte Rückkanal des Bürgers zur Verwaltung im Sinne einer „Business Analytics" eingesetzt werden. Web 2.0-Tools könnten perspektivisch ein zentrales Beschwerdemanagement darstellen und so die zuständigen Behörden entlasten, zumal derartige Rückmeldungen in der Regel mehrfach dort auflaufen. Denkbar ist eine Integration telefo- *Externe Kommunikation über einen weiteren Kanal erhöht die Reichweite* nischer, elektronischer und mobiler Dienste zu einem Mehrkanalzugang zur Verwaltung, um Synergien zu erschließen und Doppelarbeit zu vermeiden. Unter rechtlicher Perspektive erscheint vor allem die Abgrenzung allgemeiner Auskünfte und Informationsangebote von der Durchführung konkreter Verwaltungsverfahren relevant, die sich kaum Web 2.0-basiert vollziehen wird (Schulz 2011, S. 155 ff.). Dennoch ist zu erwarten, dass diesbezügliche Anfragen die öffentliche Verwaltung auch über das Web 2.0 – und sei es über den Account der Presse- und Öffentlichkeitsarbeit – erreichen, sodass es entsprechender Routinen im Umgang mit solchen Anfragen bedarf.

Der sog. fachliche Diskurs von Verwaltungsmitarbeitern über dienstliche Themen dient, wie auch die reine Informationsbeschaffung, der Erweiterung der staatlichen Wissensbasis als Grundlage rationaler Entscheidungen. Vergleichbar den Diskussionen in Foren, Blogs und in sozialen Medien sind die herkömmlichen Formen des fachlichen Austauschs mit der Wissenschaft, Wirtschaftsunternehmen, anderen Behörden, interessierten Bürgern und Nichtregierungsorganisationen auf Konferenzen, Vorträgen, Podiumsdiskussionen und Ähnlichem. Die Einbindung verschiedener gesellschaftlicher Gruppen, die z. B. von einem Gesetzgebungsverfahren oder einem *Echter fachlicher Diskurs als besondere Herausforderung für die öffentliche Verwaltung* administrativen Vorhaben betroffen sind, kann auch – insbesondere wenn sich dies ergänzend zu formellen Beteiligungsverfahren vollzieht – als wesentlicher Teilaspekt des Open Government verstanden werden, der insofern auch dazu dienen kann, einerseits die Akzeptanz behördlicher Entscheidungen zu verbessern, andererseits der Verwaltung neue Erkenntnisquellen zu erschließen. Ein weiterer Anwendungsfall sind Mitteilungen an die Öffentlichkeit, die nicht eine derart hohe Relevanz besitzen, dass die Einschaltung der Presseabteilung und die Erstellung einer Pressemitteilung geboten scheinen. So kann ein Mitarbeiter der Verwaltung in seinem Zuständigkeitsbereich bei Twitter oder Facebook darauf verweisen, dass auf der Behördenhomepage ein neues Dokument, eine neue (technische) Richtlinie veröffentlicht oder dass ein neues (Beteiligungs-) Forum freigeschaltet wurde (zum fachlichen Diskurs Schulz 2011, S. 128 f.).

Der Einsatz sozialer Medien für *die interne Behördenkommunikation* – insbesondere auch über Verwaltungsebenen hinweg – hat vor allem Effizienzgründe. So kann die Nutzung von „Sharepoints", also die gemeinsame Bearbeitung von Dokumenten, Abstimmungsprozesse erleichtern, soziale Netzwerke der Verwaltung können das *Verbesserung der Arbeitsabläufe durch kollaboratives Arbeiten innerhalb der Verwaltung* Auffinden eines Experten zu einem bestimmten Thema beschleunigen und die Terminfindung wird durch Tools wie „doodle" auch für die öffentliche Verwaltung vereinfacht. Perspektivisch erscheinen interne soziale Netzwerke denkbar, die exklusiv für Mitarbeiter der öffentlichen Verwaltung zugänglich sind (z. B. ambtenaar 2.0, govloop.com) und dem fachlichen Austausch dienen (ausführlich Hoffmann 2011). Für diese Nutzung wird ein weitgehender Verweis auf bestehende Regelungsregime, vorrangig zur Verschwiegenheit und zum Umgang mit personenbezogenen Daten, ausreichen – wie auch heute schon die telefonische Nachfrage bei anderen Behörden einerseits der Regelfall ist, andererseits aber auch bestimmten Restriktionen unterliegt. Problematischer ist hingegen der Einsatz externer Systeme. Dieser erscheint aber nur regelungsbedürftig, wenn bekannt ist, dass rechtlich bedenkliche (oder gar unzulässige) Anwendungen unreglementiert zum Einsatz kommen. So dürfte z. B. die Bearbeitung behördlicher Dokumente über Google Docs oder ähnliche Tools ausgeschlossen sein (Schulz 2011, S. 158).

Inwieweit *Bürger über soziale Medien auch weitergehend in Verwaltungsprozesse* und in die (digitale) Erfüllung von speziellen Verwaltungsaufgaben eingebunden werden können, z. B. im Sinne eines Crowd Sourcings (Beispiel: Maerker Brandenburg) oder durch Open Innovation-Prozesse, ist derzeit nicht absehbar – die damit verbundenen Rechtsfragen bleiben insofern nachfolgend ausgeblendet. Ähnliche Entwicklungen finden sich zwar bereits im Bereich der Gefahrenabwehr und Strafverfolgung, z. B. Online-Fahndungen bei Facebook durch die Polizei Hannover. Allerdings handelt es sich angesichts der betroffenen Rechtspositionen Dritter um einen besonders sensiblen Anwendungsfall, der strikt von anderen allgemeinen Einsatzoptionen für Social Media differenziert werden sollte (dazu Hawellek und Heinemeyer 2012).

Kollaboration mit Dritten – Nutzung der „Weisheit der Vielen"?

Gleiches gilt im Prinzip für die erste Variante der passiven Nutzung sozialer Medien, nämlich die Recherche in und die Informationsbeschaffung aus sozialen Netzwerken, die ebenfalls vorrangig von Sicherheits-, aber auch Sozialbehörden, eingesetzt wird. In diesem Kontext kommt es zu ggf. gesondert rechtfertigungsbedürftigen Eingriffen in die Grundrechte der Beteiligten, da nicht alle sozialen Medien per se als allgemein zugängliche Quellen bewertet werden können (ausführlich Schulz und Hoffmann 2011). Angesichts dieser Besonderheit wird auch auf diese Einsatzform nicht näher eingegangen.

Dem Bereich der *passiven Nutzung* ist jedoch auch die nicht einzelfallbezogene Beobachtung des virtuellen Raums der sozialen Netze zuzuordnen. Angesichts des Umstandes, dass unabhängig von eigenen Aktivitäten auch verwaltungsbezogene Themen im Web 2.0 diskutiert werden, ist es empfehlenswert, diese im Sinne eines Social-Media-Monitorings zu beobachten. Dabei handelt es sich einerseits um keine Besonderheit der öffentlichen Verwaltung – auch Unternehmen und andere Institutionen sind darauf angewiesen, die Aktivitäten und Äußerungen in den sozialen Medien zu beobachten, zu analysieren und zu bewerten, um ggf. bei geschäftsschädigenden oder anderweitig problematischen Entwicklungen adäquat reagieren zu können. Andererseits findet sich mit dem klassischen Pressespiegel in der öffentlichen Verwaltung eine vergleichbare Erscheinung in der analogen Welt. Erst bei Kenntnis von Diskussionen ist die öffentliche Verwaltung in der Lage, zu reagieren – sei es auf herkömmlichen Weg (z. B. in Form einer Pressemitteilung) oder ebenfalls im Web 2.0 über einen eigenen Account der Presse- und Öffentlichkeitsarbeit oder über eine unmittelbare Reaktion der fachlich zuständigen Mitarbeiter im Sinne des fachlichen Diskurses.

Social-Media-Monitoring ist erforderlich, um am „Puls der Zeit" zu sein

2.3 Grenzen von privater und dienstlicher Social-Media-Nutzung

Im folgenden Kapitel wird die Schwierigkeit der Grenzziehung zwischen privater und dienstlicher Social-Media-Nutzung dargestellt und aufgezeigt, von welchen Dimensionen diese beeinflusst wird. Denn durch die Digitalisierung der Kommunikation und der Vernetzung der Informationen wird eine Zuordnung zu Privat- und beruflicher Sphäre immer schwieriger bzw. auch unmöglich.

Der Aspekt der Abgrenzung zwischen beruflicher und privater Nutzung und eine diesbezügliche Sensibilisierung sollten zudem ein Schwerpunkt etwaiger Fortbildungs- und Schulungsmaßnahmen sein. Die Mitarbeiter der öffentlichen Verwaltung sollten ihr Verhalten – unabhängig ob privater oder dienstlicher Natur – an bestimmten Leitlinien ausrichten. Unter anderem müssen folgende Aspekte Berücksichtigung finden, die mit den Besonderheiten der Online-Kommunikation in Zusammenhang stehen:

- dass die veröffentlichten Informationen dauerhaft öffentlich zugänglich bleiben und nicht ohne Weiteres wieder gelöscht werden können,
- dass die Informationen in der Regel einem nicht abgrenzbaren Adressatenkreis zugänglich sind und daher möglichst allgemeinverständlich zu formulieren sind,
- dass Veröffentlichungen unter Umständen, anders als die Kommunikation in anderen Medien, eine breite Streuwirkung entfalten können,
- dass ggf. (fälschlicherweise) eine Zurechnung von Einzelmeinungen zur Gesamtorganisation erfolgt, was gerade auch im privaten Kontext zu berücksichtigen sein wird,
- dass ohne weiteren Aufwand eine Verknüpfung mit anderen Informationen, sei es privaten oder dienstlichen, möglich ist,
- dass die kontinuierliche Pflege verschiedener Profile und Medien einen enormen Aufwand mit sich bringen kann,
- dass die technischen Optionen eine leichtere Durchsuchbarkeit und Archivierbarkeit von Informationen ermöglichen,
- dass ggf. eine weitaus schnellere Reaktion der Behörde auf Antworten, Kommentare und Statements erwartet wird als in anderen Medien und
- dass die Web 2.0-typischen Reaktionszeiten nicht mit der bisher üblichen Behördenorganisation und internen Abstimmungen kompatibel sind (Schulz 2011, S. 128 f.).

2.3.1 Dimensionen der privaten und beruflichen Nutzung von Social Media

Personen nehmen durch ihre privaten und beruflichen Aktivitäten unterschiedliche Rollen und Funktionen ein. Die Unterscheidung zwischen dienstlichen und privaten Tätigkeiten ist durch Social-Media-Dienste und im Speziellen durch digitale soziale Netzwerke wesentlich komplexer geworden. Die folgenden Ausführungen basieren auf den Ergebnissen der österreichischen Projektgruppe „BeamteZweiNull".[19] Vor allem ist diese zweidimensionale Differenzierung oftmals nicht geeignet, alle Konstellationen abzubilden – so verfügen Mitarbeiter der öffentlichen Verwaltung zum Teil neben ihrer dienstlichen (als Verwaltung) und ihrer privaten (als Privatperson) Rolle auch über eine Parteirolle (z. B. als Kandidat für ein Bürgermeisteramt). Anhand der folgenden Abbildung lassen sich verschiedene Umfeldbeziehungen und die Kombinationen dieser fünf Dimensionen illustrieren.

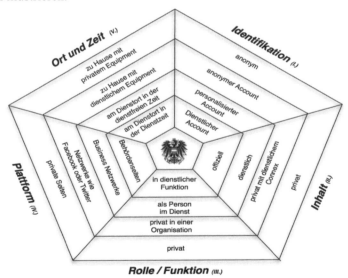

Abbildung 8: Dimensionen privater und beruflicher Nutzung[20]

---

19 Umgang mit Web 2.0 für Mitarbeiter der öffentlichen Verwaltung, Projektgruppe BeamteZweiNull http://www.ref.gv.at/uploads/media/BeamteZweiNull_1-0-0_20101019.pdf.

20 Grafik: Leitfaden – Umgang mit Web 2.0 für Mitarbeiter der öffentlichen Verwaltung, http://www.ref.gv.at/uploads/media/BeamteZweiNull_1-0-0_20101019.pdf.

Der öffentliche Bedienstete kann

- sich unterschiedlich identifizieren (I.),
- private oder dienstliche Inhalte publizieren (II.),
- in verschiedenen Funktionen und Rollen tätig sein (III.),
- verschiedenartige Plattformen nutzen (IV.),
- sich zu verschiedenen Zeitpunkten, an unterschiedlichen Orten einloggen (V.).

Das Web 2.0 basiert auf persönlichen Kontakten

Bewegen sich die Nutzer entlang der inneren Begrenzung, also primär dienstlich, oder entlang der äußeren Begrenzung, primär privat, ist die Nutzung der Social-Media-Dienste unproblematisch. Wenn sich die Nutzung jedoch zwischen innerer und äußerer Begrenzung bewegt, können aus dienstlicher Sicht für den Bediensteten und die Organisation schwerer handhabbare Situationen entstehen.

Insofern besteht aber auch die Möglichkeit, über Social-Media-Guidelines, die dienstliche Handlungsformen definiert und diese klar von anderen – privaten – Handlungsweisen abgrenzt, zusätzliche Rechtssicherheit zu schaffen. Abgrenzung und Abgrenzbarkeit von dienstlicher und privater Nutzung bereiten nämlich insbesondere dann Schwierigkeiten, wenn entsprechende Regelungen zur Web 2.0-Nutzung durch die Behörde und ihre Mitarbeiter vollständig fehlen oder diese lediglich geduldet wird. Sind jedoch explizite Vorgaben z. B. in Form von Social-Media-Guidelines vorhanden oder die Nutzung allgemein auch zu dienstlichen Zwecken gestattet, lässt sich eine Abgrenzung relativ einfach umschreiben: Als dienstliche Nutzung kann nämlich grundsätzlich nur diejenige Tätigkeit eingestuft werden, die von den Vorgaben der Social-Media-Guideline abgedeckt ist. Dies bedeutet, dass wenn eine Behörde den fachlichen Diskurs nicht gestattet, es sich bei entsprechenden Diskussionsbeiträgen eines Mitarbeiters schon aus diesem Grund um private Äußerungen handelt, selbst wenn der Inhalt dienstlicher Natur ist (Schulz 2011, S. 133). Insofern kann es auch zielführend sein, seitens der Leitungsebene klar zu kommunizieren, dass man Einsatzmöglichkeiten geprüft hat, sich aber bewusst gegen einen Einsatz entschieden hat und daher alle Aktivitäten der Mitarbeiter privaten Charakter haben. Dafür bedarf es keiner expliziten Guideline oder Dienstanweisung, ein solcher Hinweis kann (sollte aber auch) auf andere Weise an alle Mitarbeiter verbreitet werden.

Social-Media-Guidelines erleichtern die Abgrenzung, wenn dienstliche Anlässe definiert werden

Insbesondere für den Fall, dass sich der fachliche Diskurs unter einem persönlichen Profil des Mitarbeiters vollziehen soll, muss geklärt werden, ob zu die-

Grenzen von privater und dienstlicher Social-Media-Nutzung   57

sem Zweck auch ein (schon vorhandener) privater Account genutzt werden darf bzw. ob ein neugeschaffener dienstlicher Account auch privaten Zwecken dienen kann. Insofern sind zwei gegenläufige Tendenzen der Web 2.0-Kommunikation zu beachten:

- Für Externe wird bei der Nutzung desselben Accounts nur schwer abgrenzbar sein, ob sich der Behördenmitarbeiter privat oder dienstlich äußert, soweit auf eine Kennzeichnung jeder Einzelmeinung verzichtet wird.

- Die zunehmende Auflösung der Grenzen zwischen Privatem und Beruflichem: Existiert ein Profil unter dem Namen des Mitarbeiters, wird man einerseits privaten Freunden nur schwer die Freundschaft verweigern können, zum anderen tauschen sich auch Mitarbeiter der öffentlichen Verwaltung zunehmend mit Personen, mit denen sie im dienstlichen Kontakt bzw. fachlichen Diskurs stehen, zu privaten Angelegenheiten aus.

Daher ließe sich argumentieren, persönliche Accounts seien für diese Art der Kommunikation ungeeignet und würden den interessierten Bürger ggf. sogar verwirren, sodass die Nutzung von Funktionsaccounts bei allen Arten der Web 2.0-Kommunikation durch die öffentliche Verwaltung zu bevorzugen wäre[21]. In der Tat sind derartige Accounts, z. B. einzelner Abteilungen oder Referate, denkbar und geeignet, die Differenzierung von Privatem *Funktions-Accounts erleichtern die Abgrenzbarkeit, stehen aber im Widerspruch zum Web 2.0-Grundgedanken* und Dienstlichem zu erleichtern, sie widersprechen aber in gewisser Weise dem Grundgedanken des Web 2.0 (Schulz 2011, S. 141).

Insofern wäre eine strikte Trennung eigentlich die „saubere" Lösung, sie wird aber oft als nicht mehr zeitgemäß empfunden. Denkbar ist eine vermittelnde Vorgehensweise: Die Nutzung desselben Accounts für dienstliche und private Belage wird grundsätzlich ermöglicht, allerdings müssen alle Äußerungen, die einen thematischen Bezug zum eigenen Aufgabengebiet des Mitarbeiters aufweisen, auch in dienstlicher Eigenschaft, also im Rahmen des fachlichen Diskurses geäußert werden. D. h. private Meinungen zu dienstlichen Vorgängen sind zwar weiterhin zulässig, will der Mitarbeiter sie aber explizit als Privatmeinung öffentlich äußern, hat er sich hierzu eines anderen Kanals zu bedienen (soweit dies angesichts der allgemeinen Loyalitätspflicht, der Zurückhaltungpflicht bei politischen Themen und der Geheimhaltungsverpflichtung überhaupt zulässig ist). Ob eine Äußerung über einen solchen „gemischten" Account dienstlich oder privater

---

21   Wedde 2011, S. 291, geht davon aus, dass es rechtlich zwingend sei, „statt des eigenen Namens auch geeignete neutrale Funktionsbezeichnungen" verwenden zu können.

Natur ist, muss dann anhand des Inhalts bzw. Themas und des Aufgabenprofils des Mitarbeiters, ausgehend von einem objektiven Empfängerhorizont bestimmt werden (Schulz 2011, S. 141 f.)

2.3.1.1 Identifikation (I.)

Nutzer von Internet-Angeboten bewegen sich im Netz vielfach mit unterschiedlichen Identitäten, von völlig anonym bis zur Nutzung von Diensten mit dem realen Namen. Mitarbeiter des öffentlichen Dienstes können zusätzlich auch noch über ihre dienstliche Rolle vom Intra- über Extranet bis hin zu öffentlichen Internetauftritten der Behörden identifiziert werden. Die Umfeldbeziehung ‚Identifikation' definiert, in welcher Form man sich als Nutzer von Social Media anderen Nutzern gegenüber zu erkennen gibt. Die erste Stufe „anonym" ohne Hinweis auf die eigene Identität, ist zwischenzeitlich unter Nutzung der Standardeinstellungen von Internet browsern und Diensten zur Ausnahme geworden. Über Cookies, IP-Adressierung und vielfacher Verpflichtung zum Klarnamen werden von Facebook, Google & Co. Profile angelegt, die auch über die eigene Web-Präsenz hinaus das Surfverhalten weitgehend mitverfolgen – d. h. selbst wenn sich vielfach Nutzer anonym vermuten, werden ihre Spuren und Handlungen ihrem Profil zugeordnet.

Mit der zweiten Stufe „anonymer" Account sind Plattformen und Services umfasst, welche Pseudonyme zulassen, wie z. B. Twitter oder auch zahlreiche Online-Plattformen, die Kommentierung über Nicknames zulassen. Die Gefahr für den Nutzer liegt in einer möglichen Aufdeckung des Pseudonymes und der damit nachträglichen Zuordnung der Beiträge zu seiner realen Person. Dies kann im Fall von öffentlichen *anonym „ohne" Hinweis auf die Identität*

anonymer Account mittels „Nickname"

personalisierter Benutzer – realer Namen

dienstlicher Account

Bediensteten zu einer Abgrenzungsproblematik der Berufs- und Privatsphäre bis hin zu schweren dienstrechtlichen Konsequenzen führen.

Die dritte Stufe sind personalisierte Accounts unter Nutzung des realen Namens. Dazu zählen z. B. Facebook oder Google Plus, die in ihren AGBs festhalten, dass der Profilname mit dem realen Klarnamen übereinstimmen muss. Die Schwierigkeit in dieser Stufe der Identifikation liegt nicht in der Aufdeckung wie bei den *Wie werde ich auf Facebook von anderen wahrgenommen? Privat oder Beruf?*

beiden ersten Stufen, sondern welcher Sphäre die Veröffentlichung durch den Empfänger zugeordnet wird. Privat- und Berufsleben können in Social Media nicht mehr getrennt werden, weil die zahlreichen Plattformen keine Rollenkonzepte bieten und doppelte Profile (privat/Beruf) explizit ausschließen, wie z. B. Facebook oder Business-Plattformen wie XING, die die Angabe des Arbeitgebers zwingend vorgeben. Somit entscheidet das subjektive Empfinden des Empfängers über die Zuteilung zu privat und Beruf, womit sich auch die juristische Frage ergibt, inwieweit eine Person über eine Facebook-Nachricht einen Antrag anstoßen könnte.

Die vierte und letzte Stufe ist die Identifikation über berufliche Plattformen in Intranets oder Extranets. Mit dem registrierten Einstieg ist eine klare Rollen- und Aussagenzuteilung gewährleistet und durch die Abgeschlossenheit ist das Weitergaberisiko geringer als bei offenen Plattformen.

Die sichersten Varianten sind die erste und die letzte Stufe – anonyme Nutzung von Services ohne die Verwendung eines klar zuordenbaren Benutzerkontos und die dienstliche Nutzung mit klarer Zuordnung von Rolle und Aussage und einem geschützten Raum zum Austausch. In beiden Fällen befindet sich die Mitarbeiterin oder der Mitarbeiter in klaren Rollen und Bereichen. Die Stufen dazwischen bergen ein hohes Risiko für den öffentlichen Bediensteten.

2.3.1.2 Inhalt (II.)

Diese Umfeldbeziehung definiert den Inhalt dessen, was von Seiten der Nutzer im Web 2.0 eingebracht wird. Das kann sich von völlig privat bis hin zur offiziellen Funktion erstrecken. Die zweite Umfeldbeziehung, die zur Beurteilung bzw. Orientierung herangezogen werden kann, unterscheidet nach Art der publizierten Inhalte von privaten bis offiziellen dienstlichen Inhalten. Erste Stufe der Dimensionen sind private Inhalte, die veröffentlicht werden, wie z. B. Kochrezepte oder Anglerlatein. Die zweite Stufe in der Kategorie der Inhalte ist besonders kritisch hinsichtlich persönlicher Meinungen zu dienstlichen Angelegenheiten, wie z. B. die persönliche Meinung zu einer aktuellen Entscheidung der eigenen Behörde. Thematisch ist ebenfalls schwierig zu beurteilen, inwieweit innerhalb der Behörde zwischen Verwaltung im engeren Sinn und politischen Positionen zu fachlichen Themen abgegrenzt werden kann. Genaugenommen sind dies alte Fragestellungen, die in Deutschland und Österreich bereits vielfach von Fall zu Fall ausjudiziert worden sind. Die Schwierigkeit liegt in der wesentlich höheren Reichweite und der Nichtflüchtigkeit des geschriebenen Wortes. Die

private Inhalte (Kochrezept)
Meinung zu dienstlichen
Angelegenheiten
dienstliche Inhalte
verbindliche dienstliche Inhalte
(Bescheid)

Veröffentlichung von dienstlichen Inhalten auf Social-Media-Plattformen und ihre Zulässigkeit hängen von Rolle und Funktion ab, werden aber in der Regel unkritisch sein bzw. sollte im Diskussionsstrang ausgewiesen werden, inwieweit es sich um eine private Meinung oder um eine verbindliche dienstliche Aussage handelt. Die letzte Kategorie, verbindliche dienstliche Inhalte, ist als unkritisch einzustufen, weil diese Veröffentlichung üblicherweise nicht auf Social-Media-Plattformen stattfindet bzw. vom Verfahrensverantwortlichen signiert bzw. freigegeben werden muss.

Kritisch sind hier wieder die beiden mittleren Dimensionen, nämlich private Inhalte mit dienstlichem Zusammenhang, z. B. eine persönliche Meinung zu dienstlichen Themengebieten. Im Fall von offiziellen, verbindlichen Inhalten besteht im Fall der Publikation immer ein gewisses Risiko, bei der sich die Mitarbeitenden jedoch durch die eindeutige Zuordnung des Risikos bewusst sind.

2.3.1.3 Rolle und Funktion (III.)

Diese Umfeldbeziehung definiert die Rolle und Funktion der Nutzer bei ihrem Einsatz von Social Media, auch hier erstreckt sich das Spektrum von privat bis hin zur dienstlichen Funktion. Wie bereits im bisherigen „realen" Leben kann ein öffentlicher Bediensteter unterschiedliche Rollen und Funktionen innehaben, von der Privatperson, über Funktionsträger z. B. in einem Verein und natürlich seine Rolle als öffentlicher Bediensteter. Die Schwierigkeit in der Nutzung von Social-Media-Diensten ist die Zuordnung der Inhalte und Handlungen zu den jeweiligen Rollen und Funktionen. Besonders deutlich wird dies bei der Nutzung der Plattform Facebook, welche in ihren AGBs mehrfache Benutzerprofile für eine Person ausschließt. Wie können die entstehenden Inhalte aber nun der Rolle und Funktion klar zugeordnet werden? Mitarbeiter nutzen Social Networks für

Privatperson
Vereinsorgan
Dienstnehmer
Dienstorgan

- private Kontakte, enge Freunde und Familie,
- Vereinsaktivitäten ,
- politische Aktivitäten,
- die Pflege der Verwaltungsseite, wie Sites auf Facebook Google Plus & Co. und
- die Zustellung von rechtsgültigen Bescheiden.

Letztendlich sind dies keine neuen Fragestellungen, aber die Tätigkeiten neben dem öffentlichen Dienst bzw. rund um den Dienst bekommen eine wesentliche höhere Transparenz und können auf den Social-Media-Plattformen kaum noch eindeutig abgegrenzt werden. Somit fehlen wesentliche kontextbezogene Informationen. Die Umfeldbeziehung der Plattform bleibt dann dieselbe, aber sie wird möglicherweise mit vier unterschiedlichen Rollen genutzt. Zahlreiche Disziplinarverfahren in Deutschland und Österreich haben aufgezeigt, dass der Beamte nie „privat" ist und einer besonderen Sorgfaltspflicht auch in seinem Privatleben unterliegt.

„Der Beamte und die Beamtin sind nie privat".

2.3.1.4 Plattform (IV.)

Die Umfeldbeziehung ‚Plattform' definiert die Social-Media-Dienste bzw. -Plattformen über die publizierten Inhalte. Auch die Wahl der Plattform ist für das Risiko des Nutzers ausschlaggebend. Als erste Stufe wurden private Seiten wie z. B. das Betreiben eines Blogs oder die Beteiligung in Foren definiert. Diese besitzen den Vorteil, dass die Kommunikation durch den Anwender gesteuert werden kann – akzeptieren von Blog-Kommentaren, mit Hilfe eines Disclaimers festhalten, dass es sich um die Privatmeinung des Blog-Betreibers handelt usw.

Auf der zweiten Stufe befinden sich die sozialen Netzwerke wie Facebook, Twitter & Co., die bereits ein wesentlich höheres Risiko in sich tragen, weil die Inhalte selbst im geschützten Bereich immer wieder auch öffentlichen Zugang finden und der Verlauf der Kommunikation nur schwer kontrolliert werden kann.

private Seiten (Blog, Foren, ..)
Soziale Netzwerke (z. B. Facebook, Twitter, ..)
Business Netzwerke (z. B. LinkedIn, XING, ..)
Behördenseiten (Intranets, offene/ geschlossene Wikis, ..)

Auf der dritten Stufe befinden sich Businessnetzwerke wie LinkedIn oder Xing, die hinsichtlich der Kommunikationsdynamik ein geringeres Nutzungsrisiko aufweisen, aber hinsichtlich der Zuordnung von beruflichen Kontakten in Ausschreibungsprozessen zu Komplikationen führen können. Ein öffentlicher Bediensteter hat z. B. überdurchschnittlich viele Kontakte eines Unternehmens, welches den Zuschlag in einer laufenden Ausschreibung bekommt.

Auf der vierten Stufe finden sich die offiziellen Behördenseiten und Intranets. Wie bei den vorhergehenden Dimensionen nimmt das Risiko wieder ab. Durch die klare Rollen- und Funktionsverteilung in

Inhalte werden mehrfach verwendet & bekommen evtl. neue Bedeutung!

Kombination mit den dienstlich geschützten Netzwerken nimmt das Risiko für den öffentlichen Bediensteten wieder ab. Zukünftig wird aber auch mit einer Zunahme der Außenkommunikation durch die Fachabteilungen zu rechnen sein, wodurch vordefinierte Regeln notwendig werden, die den einzelnen Bediensteten Sicherheit in der Nutzung vermitteln.

Eines der generellen Merkmale von Social Media ist die Mehrfachverwendung von Informationen auf unterschiedlichen Plattformen, die vielfach auch technisch vollautomatisiert durchgeführt wird. Eine eindeutige Trennung von einzelnen Plattformen ist daher nur schwer möglich. Inhalte könnten ohne Wissen der Produzenten auf anderen Internetseiten weiterverbreitet werden. Dies gilt im Besonderen für soziale Netzwerke. Selbst bei eingeschränkten Privatsphäreneinstellungen müssen Nutzende damit rechnen, dass Inhalte automatisiert oder von Personen weitergegeben werden. Inhalte können so in einem neuen Kontext andere Bedeutungen bekommen als ursprünglich intendiert. Die klassischen Beispiele dazu sind negative Statusmeldungen über den Arbeitgeber oder Vorgesetzte.

2.3.1.5 Ort, Zeit & Endgerät (V.)

Die letzte der fünf Dimensionen definiert, wo und wann die Nutzung von Social-Media-Diensten erfolgen kann und berücksichtigt dabei auch, ob die Dienste mittels privater oder dienstlicher IT-Ausstattung genutzt werden. Die Bedeutung von „Ort und Zeit" spielt bei der Nutzung von Social Media Services grundsätzlich keine Rolle. „Ort und Zeit" haben im Netz eine untergeordnete Bedeutung, da prinzipiell von jedem Ort und zu jeder Zeit darauf zugegriffen werden kann.

Diese Dimension hat aber für Mitarbeiter der öffentlichen Verwaltung insoweit eine Bedeutung, weil daraus eventuell z. B. abgeleitet werden kann, in welcher Rolle und Funktion er den Dienst genutzt hat. Daher ergeben sich grob zusammengefasst folgende mögliche Konstellationen:

zu Hause mit privatem Equipment
zu Hause mit dienstlichem Equipment
am Dienstort in der dienstfreien Zeit
am Dienstort in der Dienstzeit

Der öffentliche Bedienstete kann zu Hause mit privatem oder dienstlichem Equipment Plattformen nutzen. Dies hat insofern eine Bedeutung, weil einige Internetdienste die IP-Adresse des Nutzers speichern oder sonstige Identifikatoren aus dem Gerät auslesen können, welche Rückschlüsse auf die Person und deren Organisation ermöglichen. Mitarbeiter sollten daher bei der Nutzung des dienstlichen Equipments darauf achten, auf welche Webseiten sie zugreifen, z. B. Webseiten, die strafrechtlich verboten sind, oder sonstige gesetzeswidrige, pornografische oder rassistische Inhalte beinhalten oder auch Seiten, die eine Zahlungsverpflichtung des Dienstgebers verursachen sowie das Herunterladen von bestimmten, besonders für deren Größe oder Anfälligkeit für Schadprogramme bekannten Dateitypen.

Für die Kategorien „am Dienstort in der dienstfreien Zeit" oder „am Dienstort während der Dienstzeit" ist zu beobachten, dass zahlreiche öffentliche Organisationen Social Media generell und teilweise sehr umfassend gesperrt haben. Die vielfache Blockierung von sozialen Netzwerken oder Medien kann inzwischen jedoch durch die Nutzung von privaten mobilen Endgeräten umgangen werden. IT-Verantwortliche führen neben der potenziellen Ablenkung der Mitarbeiter auch Sicherheitsaspekte als Grund für die Sperre von Social-Media-Diensten oder auch die fehlende Bandbreite an. Öffentliche Verwaltungen, welche Social-Media-Plattformen sperren, riskieren wiederum Demotivation von Mitarbeitern durch das implizit ausgesprochene Misstrauen und sie verlieren an Attraktivität am Arbeitsmarkt. Diese beiden negativen Auswirkungen gelten insbesondere für die vielumworbenen jüngeren Generationen.

Die Nutzung von Social-Media-Diensten während der Arbeitszeit wird mit den allgemeinen IT-Nutzungsbestimmungen im Einklang stehen müssen. Kern der gängigen Nutzungsbestimmungen sind in der Regel die folgenden drei Punkte:

- Private Internetnutzung ist grundsätzlich nur im „eingeschränkten" bzw. „unumgänglichen Ausmaß" gestattet.
- Die Wahrung des Amtsgeheimnisses sowie der Datenschutz sind insbesondere bei der Weitergabe und der Speicherung von Daten zu beachten.
- Offizielle Informationen dürfen ausschließlich vom Mediensprecher und Öffentlichkeitsarbeiter veröffentlicht werden. Andere Mitarbeiter dürfen in der Regel nur im Rahmen der ihnen übertragenen dienstlichen Aufgaben unter Nennung von Namen und Funktion Beiträge in externen elektronischen Diskussionsforen, Gästebüchern oder Ähnlichem verfassen.

Um abschließend wieder auf die private Nutzung zurückzukommen: Selbst wenn Mitarbeiter von ihrem privaten Internetzugang aus in einer Community aktiv sind, sollten sie nicht vergessen, dass sie als öffentliche Bedienstete die Verwaltung repräsentieren. Sobald das Profil einen Hinweis auf die Behörde enthält, sind die Aktivitäten nicht mehr als rein privat zu betrachten. Weitere rechtliche Rahmenbedingungen, die zu beachten sind, finden sich im Kapitel 3.2 Rechtsrahmen für die private Nutzung von Social Media.

2.3.2 Szenarien mithilfe der Nutzungs-Dimensionen

Auf Basis der beschriebenen Dimensionen können beliebige Szenarien dargestellt werden. Mit den unterschiedlichen Kombinationen und Fallbeispielen können Bedienstete und Führungskräfte für das Thema sensibilisiert und aufgeklärt werden. Wie bereits angesprochen sind die beiden sicheren Positionen ganz außen bzw. ganz innen in den Dimensionen zu finden: alles ganz privat oder alles ganz dienstlich:

- *Szenario „ganz privat":* Hier wird eine unproblematische Nutzung dargestellt. Die Person nutzt privat, von zu Hause aus und mit ihrem privaten Equipment den persönlichen Account eines Netzwerks wie z. B. eBay und äußert sich dort rein privat.
- *Szenario „ganz dienstlich":* Bezeichnet eine unproblematische dienstliche Nutzung. Die Person nutzt in dienstlicher Funktion, vom Arbeitsplatz und mit dem dienstlichen Equipment eine Behördenseite wie z. B. das BKA-Wiki und bearbeitet dort ein Dokument mit dienstlichem Inhalt.

Kritisch ist der mittlere Bereich, in dem sich privat und dienstlich vermischen. Durch die Digitalisierung der Inhalte und der sozialen Verbindungen, dem Risiko eines neuen Kontexts von Inhalten und Beziehungen, beinhalten diese Kombinationen ein Risiko für den öffentlichen Bediensteten, wie anhand der zwei folgenden Szenarien sichtbar wird.

Szenario: „privat mit dienstlichem Inhalt"

Im folgenden Szenario vermischen sich private Sphäre mit beruflicher aufgrund der Nutzung von sozialen Netzwerken wie Facebook oder Xing. Ein IT-Mitarbeiter nutzt als privater Nutzer, in seiner privaten Zeit, allerdings im Büro, ein soziales Netzwerk mit einem persönlichen Benutzeraccount und ist in diesem Netzwerk mit den Mitarbeitern eines Unternehmens vernetzt bzw. befreundet. Die einsehbaren inhaltlichen Diskussionen haben keinen direkten dienstlichen Konnex, sind aber fachlicher Natur, z. B. um die Einschätzung der Markt- und Produktentwicklung in den nächsten Jahren oder konkrete Diskussionen zu einem Produkt. Zusätzlich hat der Bedienstete das Unternehmen auf Facebook „geliked" oder folgt dem Unternehmen auf Twitter und LinkedIn. Facebook wiederum nutzt das Profil des Bediensteten für die Werbung des Unternehmens – der Bedienstete wird somit ungefragt zum Testimonial für das Unternehmen. In Kombination mit einer Ausschreibung dieser Behörde, an der sich das Unternehmen als Bieter beteiligt, kann dies zu Problemen führen. Ein Mitbewerber könnte im Falle des Zuschlags für das „befreundete" Unternehmen ein Naheverhältnis des Bediensteten zu dem beauftragten Unternehmen vermuten. Im Unterschied zu bisherigen Business-Kontakten werden diese und auch die etwaige Kommunikation durch die Netzwerke sichtbarer. Präzedenzfälle zu diesem Szenario gibt es bisher noch nicht.

Szenario: „offizielle Publikation ohne Legitimation"

Im zweiten Szenario nutzt der Bedienstete in seiner dienstlichen Rolle am Arbeitsplatz während der Dienstzeit den Dienstaccount, um in einem Businessnetzwerk dienstlich verbindliche Inhalte zu publizieren, ohne die dafür notwendigen Befugnisse zu haben. Dies widerspricht den allgemeinen rechtlichen Rahmenbedingungen wie Geschäftseinteilung, fehlender Approbationsbefugnis und den spezifischen IKT-Nutzungsverordnungen und Erlässen. Dieses Szenario zeigt, dass die von Kommunikationsmedien unabhängigen bestehenden Problemfelder durch die IKT verstärkt werden.

Zusammenfassend kann resümiert werden, dass die Fragestellung, wo das Berufsleben endet und das Privatleben beginnt, nicht neu sind, durch die Technologie aber eine höhere Sensibilität bekommen und das Kommunikationsrisiko für den Bediensteten wesentlich größer geworden ist.

3 Rechtliche Rahmenbedingungen für die Nutzung von Social Media

3.1 Rechtsrahmen für die Nutzung von Social Media

Soweit sich eine öffentliche Verwaltung bzw. eine Verwaltungseinheit grundsätzlich für die Nutzung einzelner Anwendungen aus dem Bereich Social Media und eine bestimmte Zielsetzung entschieden hat, stellt sich die Frage, ob und inwieweit Einschränkungen für das Verhalten der Mitarbeiter und der Behörden im Netz bestehen. Dabei lassen sich zwei handlungsleitende Grundaussagen festhalten:

Auftritte in sozialen Medien als Form der ausgelagerten Behördenhomepage

- Für das Verhalten der *Behörde* gilt, dass alle von Nutzern (also der Behörde) generierten Inhalte, die ja gerade das Charakteristikum von Social Media darstellen, im Zweifel wie eine ausgelagerte Behördenhomepage zu behandeln sind. Die Beachtung der in diesem Kontext geltenden Vorgaben und Restriktionen ist bereits eine geübte Praxis in der Verwaltung. Daher ist der Hinweis auf diese Parallelen geeignet, Rechtssicherheit zu vermitteln und Ängste abzubauen.

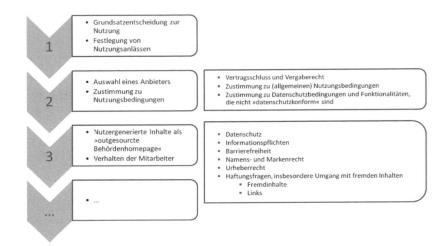

Abbildung 9: Rechtsrahmen behördlicher Aktivitäten in sozialen Medien

- Die Aktivitäten der *Mitarbeiter* sollten sich immer an den ganz allgemeinen – also auch in der analogen Welt bzw. bei der herkömmlichen Kommunikation mit einzelnen Bürgern oder einer breiteren Öffentlichkeit – geltenden rechtlichen Vorgaben orientieren. Diese sind ggf. an die Besonderheiten von Social Media anzupassen – diese Aufgabe ist aber der Leitungsebene in genereller und abstrakter Form zugewiesen und nicht von jedem Mitarbeiter in eigenem Ermessen vorzunehmen. Fehlt es an Regelungen zum dienstlichen Einsatz sozialer Medien, sollte der einzelne Mitarbeiter im Zweifel davon ausgehen, dass er sich als Privatperson äußert. Er oder sie sollte sein privates Verhalten gleichwohl entsprechend anpassen, soweit es dienstliche Bezüge aufweist. Im Interesse der Rechtssicherheit sollten nach einer strategischen Zielsetzungsanalyse in jeder Behörde aber die gewählten Einsatzszenarien offen kommuniziert und auf die Konsequenzen für die einzelnen Mitarbeiter hingewiesen werden.

Geltung des allgemeinen Rechtsrahmens für das Verhalten der Mitarbeiter in sozialen Medien

Rechtsrahmen für die Nutzung von Social Media

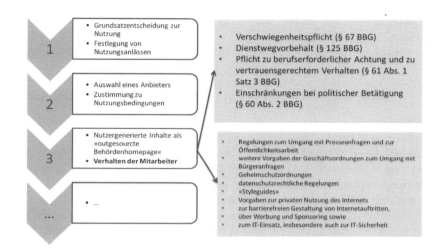

Abbildung 10: Rechtsrahmen für die Aktivitäten der Mitarbeiter in sozialen Medien

Neben gesetzlichen Vorgaben, die für Homepages und behördliche Aktivitäten im Allgemeinen gelten, z. B. zur Barrierefreiheit, zu Informations- und Impressumspflichten, zum Schutz personenbezogener Daten und fremder Urheberrechte, lassen sich rechtliche Rahmenbedingungen für das Handeln der Verwaltung, aber auch der Mitarbeiter, in sozialen Medien insbesondere den folgenden Regelwerken entnehmen:

Weitere interne Regelwerke besitzen weiterhin Geltung und müssen mit einer Social-Media-Guideline abgestimmt werden.

- den Vorgaben zum Umgang mit Presseanfragen und zur Öffentlichkeitsarbeit,
- den Geheimschutzordnungen,
- weiteren Vorgaben zum Umgang mit Bürgeranfragen, z. B. zur Frage, welcher Mitarbeiter bei der klassischen Schriftkommunikation nach außen auftritt und zeichnet, wie Adressaten außerhalb der Verwaltung anzusprechen sind oder Ähnliches,
- Styleguides, also Vorgaben, die die äußere Gestaltung behördlicher Kommunikation, z. B. die Verwendung von Wappen und Logos, betreffen,
- Vorgaben bzw. Richtlinien zur privaten Nutzung des Internets,

Geltung allgemeiner Dienst- und arbeitsrechtlicher Pflichten

- allgemeine Regelungen zum IT-Einsatz, insbesondere auch zur IT-Sicherheit,
- sowie behördliche Vorgaben zu Werbung, zu Spenden und zum Sponsoring.

3.2 Rechtsrahmen für die private Nutzung von Social Media

Durch diese internen Verhaltensregeln sowie durch gesetzliche Vorgaben, die gleichermaßen für Tarifbeschäftigte und Beamte gelten, bestehen also bereits Beschränkungen des Verhaltens der Mitarbeiter in sozialen Netzwerken – wobei diese zum Teil sowohl für dienstliche als auch private Aktivitäten Geltung beanspruchen. Allerdings sind diese ggf. an die Besonderheiten von Social Media anzupassen, sodass ein Hinweis auf diese und auf allgemeine Verhaltensregeln zielführend erscheint. Zusammenfassende Handlungsempfehlungen lassen sich in Form eines Leitfadens für die private Nutzung geben, und ggf. auch in den größeren Rahmen einer Social-Media-Guideline, die auch die dienstliche Nutzung regelt, einpassen.

3.2.1 Ohnehin geltendes Recht

Im Zusammenhang mit der Kommunikation in sozialen Medien sollten die Mitarbeiter darauf hingewiesen werden, dass die allgemeinen dienst- und arbeitsrechtlichen Vorschriften grundsätzlich unberührt bleiben. In welchem Detailgrad dies erfolgt, bleibt jedoch der jeweiligen Organisationseinheit überlassen. Es ist empfehlenswert, einige wichtige Vorschriften direkt in einen Leitfaden aufzunehmen, andererseits kann auch eine Auflistung in einer Art Anhang oder in einem gesonderten Hinweis erfolgen. Bei der Zusammenstellung der relevanten Rechtsvorschriften sollte bereits danach differenziert werden, ob die Vorgaben ausschließlich dienstliches Verhalten betreffen oder auch in die private Sphäre ausstrahlen (so z. B. das beamtenrechtliche Zurückhaltungsgebot). Hervorzuheben sind u. a. folgende Aspekte, die (auch) die dienstliche Kommunikation betreffen und für Beamte und Tarifbeschäftigte gleichermaßen gelten:

- die Verschwiegenheitspflicht (§ 67 BBG), die z. B. dazu führt, dass im Rahmen des fachlichen Diskurses nur ohnehin öffentliche Meinungen und Informationen offenbart werden dürfen,
- das grundsätzlich geltende Erfordernis, den Dienstweg einzuhalten, also die nächsthöheren Hierarchieebenen einzubinden (sog. Dienstwegvorbehalt,

vgl. § 125 BBG), das allerdings durch Regelungen, die allen Hierarchieebenen die Social-Media-Kommunikation gestatten, außer Kraft gesetzt wird,

- die Pflicht zu berufserforderlicher Achtung und zu vertrauensgerechtem Verhalten (§ 61 Abs. 1 Satz 3 BBG) sowie
- die Einschränkungen bei politischer Betätigung (§ 60 Abs. 2 BBG), die vor allem Relevanz bei privaten Äußerungen mit einem Bezug zum Dienstherrn bzw. -geber oder dem eigenen Geschäftsbereich besitzen.

3.2.2 Allgemeine Benutzungsregeln

In einem engen Zusammenhang mit diesen Besonderheiten und dem nicht überschaubaren Adressatenkreis in sozialen Medien stehen allgemeine Benutzungsregeln und Vorgaben zur Art und Weise der Kommunikation. Zu diesen gleichermaßen für dienstliche Äußerungen unter individuellen und Funktions-Accounts sowie für privates Verhalten geltenden Regeln gehören u. a.

- ein Hinweis auf die Einhaltung einer höflichen Kommunikationsform, auch in kontroversen Diskussionen (vor allem im Rahmen des fachlichen Diskurses),
- trotz der im Vergleich zu anderen Medien weitaus informelleren Kommunikation der Verzicht auf übertrieben lässige Kommunikationsformen (z. B. sollte eine Behörde auch im Internet nicht ungefragt „duzen"),
- das Erfordernis, die Informationen adressatengerecht und für das entsprechende Medium passend aufzubereiten (also in der Regel gegenüber anderen Kommunikationsformen erheblich zu kürzen),
- eine nicht endgültig abgestimmte Auffassung bzw. Meinung deutlich als solche bzw. als Ansicht eines einzelnen Mitarbeiters zu kennzeichnen,
- bei der Nutzung fremder Informationen die Quelle anzugeben,
- den Urheber einer Information (Behörde, Abteilung, Mitarbeiter) zu bezeichnen und
- den dienstlichen oder privaten Charakter einer Äußerung zu verdeutlichen und zu kommunizieren.

Hinsichtlich des Kommunikationsstils muss insbesondere auf die Allgemeinverständlichkeit und die Besonderheiten der Kommunikation im Internet (z. B. die Kürze von Nachrichten) geachtet werden. Auch bei Fragen der Zurechenbarkeit zur Gesamtorganisation, der Kennzeichnung als vorläufige Auffassung und ähnlichem ist als Maßstab der durchschnittliche Empfängerhorizont und nicht eine spezialisierte Fachöffentlichkeit zugrunde zu legen. All diese Besonderheiten der Social-Media-Kommunikation sowie die Verinnerlichung der hier vorgestellten Regeln erfordern ggf. eine besondere Schulung für Mitarbeiter. Denn für viele ist die Nutzung sozialer Netzwerke etc. auch als Privatperson eine Herausforderung. Ist dies nur bedingt möglich, sollten derartige Angebote womöglich ausschließlich von der Presse- und Öffentlichkeitsarbeit genutzt werden.

3.2.3 Leitfaden für die private Nutzung für Bedienstete

Die folgenden Ausführungen beziehen sich auf Bedienstete, die Social-Media-Dienste und soziale Netzwerke als Privatperson nutzen. Diese erlauben einen weitreichenden Austausch von Informationen unter Firmen, Kollegen, Kunden und Bürgern. Wie bereits angeführt, kann grundsätzlich stets zwischen Internetaktivitäten als Privatperson und solchen in dienstlichem Rahmen unterschieden werden. Letzteres wird besonders deutlich am fachlichen Diskurs, der ohne eine Grundlage im Arbeits- oder Dienstverhältnis nicht eindeutig als dienstlich oder privat klassifiziert werden kann, aber trotzdem als solcher zu beobachten und feststellbar ist. Wird er vom Dienstgeber aktiv eingefordert und reglementiert, führt dies zwar auch dazu, dass der Mitarbeiter bestimmte Vorgaben zu beachten hat, er kann sich aber auch – soweit er sich im Rahmen der Guidelines bewegt – der Rückendeckung des Dienstgebers sicher sein (Schulz 2011, S. 119). Die Rechtssicherheit lässt sich so nachhaltig erhöhen.

Ein Leitfaden für die private Nutzung kann – und sollte unabhängig von der Entscheidung über die dienstliche Nutzung sozialer Medien (und der entsprechenden Social-Media-Guideline) – für Mitarbeiter zur Verfügung gestellt werden. Zielführender als die bisherigen Ansätze, die die Nutzung sozialer Medien durch die öffentliche Verwaltung regeln und sich weitgehend in Handlungsempfehlungen erschöpfen, erscheint es, die Vorgaben sowohl für das private Handeln als auch für dienstliche Aktivitäten verbindlich auszugestalten. Eine entsprechende Anordnung in der Richtlinie selbst ist entbehrlich, zumal die Verbindlichkeit bereits aus der Rechtsnatur resultiert, die gewählt wird. In Betracht kommen Dienstvereinbarungen, Erlasse, Verwaltungsvorschriften, die Ergänzung von Geschäftsordnungen, der allgemeinen Dienstanweisung oder Ähnliches. Dies bedingt in der Regel auch ein bestimmtes Verfahren, eine bestimmte Erlassform und insbesondere bestimmte Mitwirkungsrechte, die dann im Erarbeitungsprozess zu beachten sind. Um die Richtlinien selbst nicht zu überfrachten, sollten daneben dennoch Aufklärungsmaßnahmen, Handlungsempfehlungen und ergänzende Hinweise für die Mitarbeiter stehen. Die Leitlinien für das private Verhalten stel-

Rechtsrahmen für die private Nutzung von Social Media

len eine Konkretisierung der allgemein geltenden – beamten- und dienstrechtlichen – Vorschriften dar. Ein Verstoß gegen die Leitlinie kann als solcher nur bei Rechtsverbindlichkeit sanktioniert werden, ansonsten ist er aber Indiz für den Verstoß gegen Pflichten aus dem Beamten- oder Arbeitsverhältnis, das z. B. eine Abmahnung etc. rechtfertigt.

Die folgenden Regeln sind Vorschläge und mögliche Bestandteile eines solchen Leitfadens. Sie basieren auf der Analyse von zahlreichen bereits existierenden Leitfäden für den Social-Media-Gebrauch und den Ergebnissen interner Workshops innerhalb der Verwaltung[22]:

1. Sie sind verantwortlich.

   Sie sind persönlich für Inhalte verantwortlich, die Sie online veröffentlichen, unabhängig davon, ob dies in einem Weblog, sozialen Netzwerk oder jedweder anderen Form nutzergenerierter Medien ist.

2. Sie sind im Internet nicht nur als Privatperson, Sie werden auch als Verwaltungsmitarbeiter wahrgenommen.

   Gestalten Sie Ihre Beiträge nach eigenem Ermessen. Verdeutlichen Sie, wo notwendig, dass hier ausschließlich Ihre persönlichen Ansichten und Gedanken veröffentlicht werden, und dass Sie nicht als Repräsentant Ihrer Behörde schreiben. Dies sollten Sie im Besonderen bei der Nutzung von Businessnetzwerken berücksichtigen (XING, LinkedIn, ...). Auch ein allgemeiner Hinweis im Profil kann sinnvoll sein.

3. Achten Sie auf Ihren Ruf – und den Ihres Dienstgebers.

   Meinungsverschiedenheiten zwischen Arbeitskollegen sollen nicht in öffentlichen Medien ausgetragen werden.

4. Zeigen Sie Fingerspitzengefühl bei politischen und wirtschaftlichen „Freundschaften".

   Private Blogs, Wikis, virtuelle Welten, soziale Netzwerke und ähnliches sollten nicht zur Diskussion organisationsbezogener Inhalte verwendet werden. Auch die Kommunikation zwischen Arbeitskollegen sollte nicht in sozialen Netzwerken erfolgen. Nutzen Sie dafür die behördeninternen Kommunikationsmöglichkeiten.

5. Schreiben und zeigen Sie nichts, von dem Sie nicht wollen, dass es über Sie verbreitet wird.

   Machen Sie sich bewusst, wer Zugang zu Ihren sozialen Medien und Netzwerken (Internetforen, Mailinglisten, Weblogs, Podcasting, Wikis, Social Communities, etc.) hat, und berücksichtigen Sie, dass elektronische Inhalte

---

22   BKA Wiki http://goo.gl/DKvZW, ORF Guideline: http://goo.gl/TBWI9 ...

ohne hohen Aufwand auf anderen Plattformen weitergegeben werden können. Beachten Sie dies bei der Wahl der persönlichen Informationen, die Sie preisgeben möchten und bei der Wahl der Sprache, die Sie verwenden.

6. Das Netz vergisst nicht.
Machen Sie sich bewusst, dass alles, was Sie publizieren, für lange Zeit öffentlich zugänglich sein wird und eine vollständige Löschung nicht gewährleistet werden kann.

7. Schützen Sie Ihre Privatsphäre, die Ihrer Familie, Freunde und Kollegen.
Holen Sie sich die Erlaubnis, Fotos oder Gespräche von anderen zu veröffentlichen. Veröffentlichen Sie niemals vertrauliche Informationen. Bedenken Sie außerdem, wie einfach und schnell vertrauliche Informationen verbreitet werden können.

8. Eigentum bleibt Eigentum – auch im Netz.
Respektieren Sie Urheberrechte. Im Falle einer Referenz erstellen Sie, wenn möglich, einen Link zur Quelle bzw. versuchen Sie Inhalte zu verwenden, die eine Nutzung explizit zulassen – z. B. Inhalte, die unter einer Creative-Commons-Lizenz angeboten werden.

9. Beachten Sie Ihre Verschwiegenheitspflicht und das Amtsgeheimnis.
Generell ist es ratsam, keine rein dienstlichen Angelegenheiten über Ihr privates Profil abzuhandeln – somit sind Sie auf der sicheren Seite. Wenn Sie sich doch dafür entscheiden, beachten Sie Ihre Verschwiegenheitspflicht und das Amtsgeheimnis.

10. Die IT-Nutzungsbedingungen Ihrer Behörde gelten auch für Social-Media-Anwendungen.
Beachten Sie die bestehenden Regelungen zur Nutzung der IT-Infrastruktur, welche sowohl die private als auch die dienstliche Internetnutzung berücksichtigt.

TIP: Diese zehn Vorschläge können Sie ergänzen, kürzen oder für Ihre Organisation maßschneidern. Ein Leitfaden für die private Nutzung ist in jedem Fall empfehlenswert, auch wenn Sie in der nächsten Zeit nicht vorhaben, soziale Medien einzusetzen – denn Ihre Mitarbeiter nutzen sie bereits!

3.3 Rechtsrahmen für die behördliche Nutzung von Social Media

*Wenn schon das Internet in Gänze oft als ,rechtsfreier Raum' bezeichnet wird,
dann ist Twitter ein schwarzes Loch.*[23]

Derartige Auffassungen sind zu diskutieren. Schon der Aussage, das Internet sei
ein rechtsfreier Raum, kann pauschal nicht zugestimmt werden. Festzustellen ist
allenfalls ein Vollzugsdefizit, z. B. hinsichtlich von Persönlichkeitsrechtsverletzungen
sowie Urheber- und Markenrechtsverstößen.

Bindung an Recht und Gesetz (Art. 20 Abs. 3 GG) gilt auch im virtuellen Raum

Für die öffentliche Verwaltung gilt, dass diese
sich in besonderem Maße an geltendes Recht zu halten hat, unabhängig davon,
über welches Medium sie kommuniziert und in welchen – auch virtuellen – Räumen sie agiert, auch wenn keine spezielle Kodifizierung für bestimmte Verhaltensweisen *im Netz* existiert. Die Verwaltung ist grundgesetzlich verpflichtet,
rechtmäßig im Rahmen der Grundrechte zu handeln (Art. 20 Abs. 3 GG und Art. 1
Abs. 3 GG) und muss im Internet alle Vorschriften berücksichtigen, die auch im
nicht-virtuellen Raum anwendbar sind. Nachfolgende Ausführungen dienen als
erste Orientierungshilfe zur Ermittlung des relevanten Rechtsrahmens und für
eine rechtskonforme Ausgestaltung von Social-Media-Aktivitäten der öffentlichen Verwaltung.

3.3.1 Zulässigkeit der Nutzung

Durch einen Vorstoß des Unabhängigen Landeszentrums für Datenschutz Schleswig-Holstein (ULD 2011) wurde die grundsätzliche Zulässigkeit der Nutzung
sozialer Netzwerke durch die öffentliche Verwaltung am Beispiel Facebook
erstmals thematisiert. Angesichts der Tatsache, dass den meisten Social-Media-Diensten, die aus einer Plattform (und deren Betreiber) auf der einen Seite und
den nutzergenerierten Inhalten auf der anderen Seite bestehen, vergleichbare Prozesse zugrunde liegen dürften, erscheint eine differenzierte Auseinandersetzung
angezeigt, zumal ansonsten kaum noch Dienste verblieben, die die öffentliche
Verwaltung in zulässiger Weise nutzen könnten. Dabei sind es gerade oft diejenigen Dienste, die datenschutzrechtlich problematisch sind, die zugleich die größte
Verbreitung aufweisen und daher besonders attraktiv, auch für behördliche Kommunikationsprozesse, erscheinen.

---

23 Langer 2010, S. 4.

Im Fokus der Kritik stehen die Möglichkeit einer behördlichen Fanseite (Facebook Pages) und der damit verbundene Dienst Facebook Insights. In Übereinstimmung mit der Feststellung, dass eine Behörde als Nutzer zunächst nicht grundsätzlich für

Die Debatte um Facebook steht exemplarisch für die meisten Social-Media-Dienste

die datenschutzrechtlichen Prozesse der Plattform verantwortlich ist, sondern ausschließlich ihr konkretes Verhalten auf der Plattform am deutschen Recht auszurichten hat, muss daher bewertet werden, ob allein die Einrichtung einer Facebook-Seite bereits eine datenschutzrechtliche Verantwortlichkeit für bestimmte (zudem unzulässige) Datenerhebungen oder -verwendungen bewirkt. Ist dies nicht der Fall, verlagert sich die Diskussion auf eine andere Ebene: Es ist dann nämlich zu bewerten, ob der datenschutzrechtliche Verstoß *des Plattform-Betreibers* einer Nutzung des Dienstes generell entgegensteht.

3.3.1.1 Funktionsweise der Facebook-Fanseite (Facebook Pages) und vergleichbarer Dienste

Als soziales Netzwerk basiert Facebook auf der Idee, dass die Kommunikation und Interaktion der Mitglieder dadurch ermöglicht wird, dass diese eine Profilseite von sich anlegen. Diese Profilseiten, mit denen man sich mit anderen „Freunden" verknüpfen kann, stehen jedoch nur natürlichen Personen mit bis zu 5.000 Freunden zur Verfügung. Für natürliche Personen mit mehr Kontakten sowie für juristische Personen des privaten und des öffentlichen Rechts müssen hingegen sog. Fanseiten angelegt werden. Facebook Insights ist ein kostenloses Analyse-Tool für die eigene Facebook-Fanseite. Es stellt detaillierte Statistikinformationen über Nutzer zur Verfügung. Facebook Insights soll den Administratoren einer solchen Fanseite bzw. Page die Möglichkeit bieten, das Nutzerverhalten zu analysieren und die eigenen Aktivitäten an die relevante Zielgruppe anzupassen. So kann anhand der Statistik z. B. nachvollzogen werden, wie viele aktive Nutzer die Seite angeklickt haben und welchen Geschlechts und welchen Alters diese Nutzer sind (Hoffmann/Schulz/Brackmann 2012, S. 177).

3.3.1.2 Anwendbarkeit von deutschem Recht (BDSG und TMG)

Das deutsche Datenschutzrecht im Sinne des Bundesdatenschutzgesetz (BDSG) sowie der datenschutzrechtlichen Vorschriften des Telemediengesetzes (TMG) kann angewendet werden, da nicht Facebook selbst, welches seinen Sitz nicht in Deutschland hat, sondern deutsche öffentliche Stellen Betreiber der Fanseite und damit Gegenstand der Betrachtung sind. Das BDSG gilt ausdrücklich für öffentliche Stellen des Bundes und der Länder, soweit der Datenschutz nicht durch Landesgesetz geregelt ist. Das TMG, das bereichsspezifische datenschutzrechtliche Regelungen enthält und deshalb vorrangig für die erfassten Telemediendienste zur Anwendung kommt, erfasst alle Anbieter solcher Telemediendienste. Dies gilt auch für öffentliche Stellen (Hoffmann/Schulz/Brackmann 2012, S. 178).

Für die öffentliche Verwaltung gilt auch im Netz deutsches Recht

3.3.1.3 Verstoß gegen das Telemedienrecht (§ 15 Abs. 3 Satz 3 TMG – Trennungsgebot)

Das Betreiben einer Facebook-Fanseite und vergleichbarer Dienste könnte rechtlich allerdings problematisch sein, da über den Dienst Facebook Insights detaillierte Statistikinformationen über die Nutzer erhoben und dem Fanseiten-Betreiber zur Verfügung gestellt werden. Anknüpfungspunkt für eine Verantwortlichkeit kann nur die – von Facebook erstellte – Reichweitenanalyse sein und nicht die Weitergabe bestimmter Daten an den Fanseiten-Betreiber, da dies ausschließlich anonymisiert geschieht. Die Reichweitenanalyse könnte gegen § 15 Abs. 3 Satz 3 TMG, das sog. Trennungsgebot verstoßen. Es ist Diensteanbietern zwar erlaubt, für Zwecke der Werbung, der Marktforschung oder zur bedarfsgerechten Gestaltung der angebotenen Telemedien Nutzungsprofile zu erstellen. Diese Nutzungsprofile dürfen jedoch nicht mit Daten über den Träger des Pseudonyms zusammengeführt werden.

Aufgrund der eigenverantwortlichen Ausgestaltung der Fanseite und der Nutzung als dauerhaftes Angebot der Behörde ist diese zwar auch als Telemediendiensteanbieter anzusehen (4.5.1.). Fraglich ist aber, ob jeder Anbieter eines Telemediendienstes (z. B. der Betreiber einer Facebook-Fanseite) aufgrund des Fehlens von § 11 und § 3 Abs. 7 BDSG vergleichbaren Normen im TMG zugleich auch immer verantwortliche Stelle im Sinne des BDSG und daher für die Einhaltung aller datenschutzrechtlichen Verpflichtungen aus dem TMG verantwortlich ist, obwohl einzelne Datenverarbeitung außerhalb seines Einflussbereichs liegen. Dies würde zu einer ausufernden Verantwortlichkeit führen, da der Telemediendiensteanbieter nicht für ein Verhalten verantwortlich gemacht werden kann, zu dem er keinen kausalen Handlungsbeitrag gesetzt oder auf das er keine Einflussmöglichkeiten hat. Umgekehrt ließe sich argumentieren, dass der Diensteanbieter aufgrund des Fehlens einer Regelung zur Auf-

Maßgeblichkeit der Verantwortlichkeit nach dem BDSG

tragsdatenverarbeitung im Telemedienrecht grundsätzlich *nicht* für den Umgang Dritter mit personenbezogenen Daten verantwortlich sei. Hiergegen spricht jedoch, dass der Diensteanbieter sich auf diese Weise vergleichsweise einfach seiner Verantwortlichkeit entziehen könnte, indem er einfach einen Dritten mit der Datenverarbeitung betraut.

Darum ist es sachgerecht, auf die allgemeinen Vorschriften des Datenschutzrechts zurückzugreifen (Spindler und Nink 2011, § 12 Rn. 1). Denkbar sind zwei Vorgehensweisen: Zum einen könnte man einen Verstoß gegen § 15 Abs. 3 Satz 3 TMG aufgrund einer fehlenden tatbestandlichen Handlung verneinen und einen Verstoß gegen das BDSG prüfen. Zum anderen besteht die Möglichkeit, die Vorschriften über die Auftragsdatenverarbeitung des § 11 BDSG und zur Verantwortlichkeit des § 3 Abs. 7 BDSG entsprechend im Rahmen des § 15 Abs. 3 Satz 3 TMG anzuwenden (Piltz 2011, S. 662). In beiden Fällen muss letztlich eine Verantwortlichkeit nach dem BDSG geprüft werden. Gem. § 3 Abs. 7 BDSG ist jede Person oder Stelle, die Daten für sich selbst erhebt, verarbeitet oder nutzt oder dies durch andere im Auftrag vornehmen lässt, als verantwortliche Stelle zu qualifizieren. Der Betreiber einer Fanseite erhebt, verarbeitet oder nutzt die (personenbezogenen) Daten jedoch nicht selbst. Diese werden allein von Facebook erhoben und auch größtenteils selbst von Facebook genutzt. Es kommt also lediglich eine Auftragsdatenverarbeitung nach § 11 Abs. 1 Satz 1 BDSG in Betracht (Hoffmann/Schulz/Brackmann, 2012, S. 169).

Fanseiten-Betreiber oder Account-Inhaber beauftragen den Anbieter sozialer Medien in der Regel jedoch nicht, für ihn Daten zu erheben und/oder zu verarbeiten. Z. B. führt Facebook Datenerhebungen grundsätzlich durch, ohne dass der Fanseiten-Betreiber daran etwas ändern könnte. Er kann sich lediglich dazu entschließen, die zur Verfügung gestellten (anonymisierten) Daten nicht zu nutzen. In der Regel hat der behördliche Nutzer keine Entscheidungsgewalt über die Datenerhebung, und die Anbieter erheben die Daten grundsätzlich für sich selbst (Facebook 2011) – zumal das eigene Geschäftsmodell (personalisierte Werbung) auf diesen Daten basiert. Tatsächlich kann sich die öffentliche Verwaltung lediglich entscheiden, einen bestimmten Dienst zu nutzen, also einen Account zu eröffnen, oder *Die Nutzung der Dienste Dritter führt nicht zum vollständigen Ausschluss der Verantwortlichkeit* dies zu unterlassen. Weitergehende Entscheidungsmöglichkeiten hat sie nicht. Eine Auftragsdatenverarbeitung setzt hingegen den Willen voraus, (auf Seiten des Betreibers) im fremden Namen zu handeln bzw. (auf Seiten des Nutzers) einen anderen mit Datenerhebungen und -verarbeitungen zu beauftragen (ausführlich Hoffmann/Schulz/Brackmann 2012, S. 170 ff.).

Es besteht auch die Möglichkeit, auf die Definition der Verantwortlichkeit in der EU-Datenschutzrichtlinie zurückzugreifen. Zwar sind nicht allein die rechtlichen, sondern auch die tatsächlichen Umstände entscheidend: „Verantwortlich ist danach, wer maßgeblich die inhaltlichen Entscheidungen über die Art, den Umfang und vor allem Zweck der Datenverarbeitung trifft" (ULD 2011). An den fehlenden Einflussmöglichkeiten der Fanseitenanbieter ändert aber auch die grundsätzliche Anerkennung „geteilter" oder „gemeinsamer" Verantwortlichkeit nichts. Den entsprechenden Arbeitsdokumenten der Artikel 29-Datenschutzgruppe (WP 169 vom 16. 02. 2010) kann nur entnommen werden, dass (auch) im Rahmen von sozialen Netzwerken differenzierte Verantwortlichkeiten bestehen. Eine Zuordnung bestimmter Datenverarbeitungsprozesse zum Plattformbetreiber oder zum Nutzer wird aber gerade nicht vorgenommen; es handelt sich um allgemeine Hinweise.

Keine Verantwortlichkeit des Seitenbetreibers für Datenverarbeitungen der Plattform

Daraus ist lediglich ableitbar, dass allein die Nutzung eines sozialen Netzwerks, welches von einem Dritten betrieben wird, nicht zum Ausschluss der Verantwortlichkeit führt. Dies wird vorliegend aber gar nicht unterstellt, die Verantwortlichkeit für eigene Inhalte und selbst initiierte Datenerhebungen wird nicht in Abrede gestellt. Erforderlich ist also auch weiterhin – ausgehend von einer Definition der verantwortlichen Stelle als diejenige, die maßgeblich die inhaltlichen Entscheidungen über die Art, den Umfang und den Zweck der Datenverarbeitung trifft – eine Analyse jeder konkreten Datenverarbeitung. Soweit diese – wie hinsichtlich der Reichweitenanalyse – nicht nach Maßgaben des Nutzers gestaltet werden kann, muss eine Verantwortlichkeit ausscheiden (ausführlich Hoffmann/Schulz/Brackmann 2012, S. 173 ff.).

3.3.1.4 Mittelbare Verantwortlichkeit als Korrektiv

Eine (unmittelbare) Verantwortlichkeit des Fanseiten-Betreibers nach dem TMG und dem BDSG scheidet somit aus. Eine solche trifft nur die Anbieter der sozialen Medien, da diese als Plattform-Betreiber personenbezogene Daten erheben und verarbeiten, der Nutzer seinerseits hingegen keine Einflussrechte besitzt oder über eine diesbezügliche Entscheidungsgewalt verfügt. Festhalten lässt sich aber auch, dass der Nutzer aus der öffentlichen Verwaltung grundsätzlich für die von ihm selbst nutzergenerierten Inhalte verantwortlich ist. Daher ist es erforderlich, zwischen der Verantwortlichkeit für nutzergenerierte Inhalte und der Verantwortlichkeit für die Plattform abzugrenzen, da sonst die Verwendung fremder Tools, die nicht vom Staat selbst entwickelt und betrieben werden, generell ausscheiden würde. Dann wäre der Staat gezwungen, eigene Dienste aufzubauen oder zu subventionieren, die jedoch nicht die gleiche Reichweite und die gleichen Funktionen bieten würden wie bereits bestehende Angebote.

Relevant für die rechtliche Einordnung der Fanseiten auf Facebook oder ähnlicher Angebote im Rahmen sozialer Medien außerhalb des strikten Rechtsrahmens von TMG und BDSG ist vor allem deren sich ändernde Funktionsweise und Gestaltung. Ursprünglich basierte das Internet – *Trennung von Infrastrukturebene und Diensteebene* und von diesem Grundverständnis geht insbesondere das TMG aus – auf einer Differenzierung zwischen der technischen Infrastrukturebene und den darauf angebotenen Diensten. Dies führte dazu, dass ein Homepagebetreiber und damit auch Diensteanbieter im Sinne des TMG alle Datenverarbeitungsprozesse, die mit seiner Homepage verbunden waren, auch vollständig beherrschte (bzw. beherrschen konnte). Insofern war die Verantwortlichkeit, selbst wenn sich der Diensteanbieter eines Dritten bediente, ungeteilt. Mit dem Web 2.0 bzw. Social Media ist aber eine zweite Infrastrukturebene in Form der Plattformen der sozialen Medien oder auch anderer Dienste hinzugetreten, die dazu führt, dass der Anbieter von Inhalten die Datenverarbeitungsprozesse nicht mehr allein gestaltet (gestalten kann bzw. gestalten muss). Diese Ausdifferenzierung der Verantwortlichkeiten muss im Rahmen der Auslegung der Vorschriften des TMG Berücksichtigung finden. Wie auch früher der Homepagebetreiber nicht für alle Datenerhebungen und -verarbeitungsprozesse der Infrastruktur „Internet" verantwortlich gemacht werden konnte, ist ebenso wenig eine Zurechnung der Infrastrukturprozesse der Infrastruktur der sozialen Medien oder anderer Dienste möglich.

Diese Verantwortungsteilung kann zutreffend auch vom deutschen Datenschutzrecht und den Regelungen zu den verantwortlichen Stellen (§ 3 Abs. 7 BDSG) abgebildet werden. „Das Datenschutzrecht hebt bei der Zuordnung der Verantwortlichkeit auf die einzelnen Verarbeitungsschritte bzw. Aktivitäten ab. Dies hat zur Folge, dass die Verantwortung nicht notwendigerweise gebündelt zu beurteilen ist, sondern je nach technischer und organisatorischer Gestaltung auf verschiedene Stellen verteilt sein kann. Möglich ist auch, dass die Verantwortlichkeit für einen konkreten Umgang mit Daten nicht umfassend besteht, sondern nur im Hinblick auf bestimmte Aspekte […] In solchen Fällen ist die Verantwortlichkeit eingeschränkt, aber nicht aufgehoben" (ULD 2011a). Eine Anwendung dieses Grundsatzes – kombiniert mit einer Definition der verantwortlichen Stelle als diejenige, die maßgeblich die inhaltlichen Entscheidungen über die Art, den Umfang und den Zweck der Datenverarbeitung

Mittelbare Verantwortlichkeit der öffentlichen Verwaltung für die Plattform und für Beiträge Dritter auf den behördlichen Web 2.0-Angeboten

trifft – führt bezogen auf die Fanseiten zwangsläufig zu einer Trennung der Verantwortungssphären zwischen Plattformbetreiber und -nutzern. Den gestuften Einflussmöglichkeiten entsprechen auch die Verantwortlichkeiten. Lediglich für den Fall der maßgeblichen inhaltlichen Entscheidung über die Art, den Umfang und den Zweck der Datenverarbeitung handelt es sich um eine *unmittelbare* Verantwortlichkeit im Sinne von TMG und BDSG, für alle anderen Prozesse allenfalls um eine *mittelbare* Verantwortung. Dabei sind neben der Plattform (z. B. Facebook) Nutzer erster und zweiter Stufe als weitere Akteure beteiligt (Hoffmann/Schulz/Brackmann 2012, S. 173 ff.):

- Als Nutzer erster Stufe lässt sich z. B. der Betreiber einer Fanseite beschreiben, der Inhalte generiert und diese auf einer von einem Dritten bereitgestellten Plattform veröffentlicht. Diesbezüglich besteht eine unmittelbare rechtliche Verpflichtung.
- Nimmt ein Nutzer zweiter Stufe wiederum diese Fanseite in Anspruch, indem er dort z. B. einen Kommentar hinterlässt oder ein Foto hochlädt, besteht für den Nutzer erster Stufe nur eine mittelbare Verantwortlichkeit – rechtlich konkretisiert durch die Vorschriften und insbesondere die Rechtsprechung zur Haftung für Fremdinhalte .
- Schließlich existiert auch die Plattform-Ebene, für deren Verarbeitungsprozesse und Inhalte der Nutzer erster Stufe ebenfalls lediglich mittelbar verantwortlich sein kann.

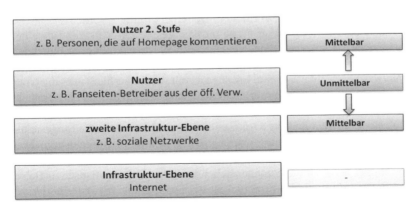

Abbildung 11: Gestufte (datenschutzrechtliche) Verantwortlichkeit im Social Web

Diese mittelbare Verantwortlichkeit bewirkt, dass der Einsatz von Plattformen, die über bestimmte rechtlich problematische Funktionalitäten oder Inhalte verfügen, ausgehend von allgemeinen Rechtsgrundsätzen nur aufgrund einer Abwägung der widerstreitenden Interessen legitimiert werden kann.

Abwägung widerstreitender Interessen / Erforderlichkeitsprüfung erforderlich

Auf Basis dieser Unterteilung lassen sich sachgerechte Ergebnisse erzielen, die sowohl rechtsstaatlichen Grundsätzen genügen als auch eine Überdehnung der Haftung der öffentlichen Stellen für Drittinhalte und -aktivitäten verhindern (Hoffmann/Schulz/Brackmann 2012, S. 175). Angesichts der Rechtsbindung der deutschen Verwaltung aus Art. 20 Abs. 3 GG und der Schutzverpflichtung gegenüber den Persönlichkeitsrechten der Nutzer muss analysiert werden, ob der Umstand des ggf. nicht datenschutzkonformen Umgangs mit personenbezogenen Daten durch einen Plattformanbieter einer Nutzung dieser Angebote grundsätzlich entgegensteht. Mangels gesetzlicher Regelungen verlagert sich die Diskussion somit auf eine andere Ebene, die keine „Schwarz-Weiß-Sicht bzw. -Lösung" und eine (vermeintlich) klare Rechtslage bereithält. Die damit aufgeworfene grundlegende Frage ist, ob eine Nutzung von Tools zugelassen werden kann, bei denen die öffentliche Verwaltung für bestimmte Daten-

Die Nutzung von Facebook lässt sich rechtfertigen und ist nach deutschem Recht zulässig

verarbeitungen zwar nicht verantwortlich (im Sinne der deutschen Datenschutzregeln aus BDSG und TMG) ist, bei denen jedoch Gewissheit besteht (selbst dies ist nicht immer gegeben), dass problematische Datenverarbeitungsprozesse – auch unter Rückgriff auf die von der öffentlichen Verwaltung nutzergenerierten Inhalte – seitens des (verantwortlichen) Betreibers initiiert werden.

Eine Beantwortung dieser Frage muss allgemeine Rechtsgrundsätze beachten und sicherstellen, dass deutsche Datenschutzvorgaben bei der Nutzung solcher Tools soweit wie möglich eingehalten werden, zugleich aber die grundsätzliche Nutzbarkeit nicht prinzipiell infrage gestellt wird. Letztlich muss die Nutzung dieser Angebote vor dem Hintergrund staatlicher Schutzpflichten vertretbar und verhältnismäßig sein (Hoffmann/Schulz/Brackmann 2011, S. 176). Deshalb bedarf es einer Abwägung von Risiko und Nutzen, die sowohl die (angesichts der lediglich mittelbaren Wirkung von Grundrechten in Privatrechtsverhältnissen nur eingeschränkt) seitens des Plattform-Betreibers beeinträchtigten Grundrechte der Nutzer als auch die entgegenstehenden Interessen der Fanseiten-Betreiber (öffentlicher Informationsauftrag der staatlichen Stellen, Berufsfreiheit von Privatunternehmen) einbezieht. Letztlich haben sich alle Nutzer freiwillig angemeldet und tolerieren mit der Anmeldung bestimmte Datenerhebungen seitens der Anbieter. Dieser Einwilligung, auch wenn sie deutschen Datenschutzvorschrif-

Rechtsrahmen für die behördliche Nutzung von Social Media 83

ten nicht gänzlich genügen mag, muss zumindest eine gewisse Teillegitimation, wenn auch nicht zwingend gegenüber den Anbietern der sozialen Medien, dann jedoch gegenüber den ebenfalls in diesen Netzwerken präsenten öffentlichen und nicht-öffentlichen Stellen, zukommen.

Der große Nutzen, den ein Auftritt in den sozialen Medien haben kann, bleibt bei einer solchen Sichtweise nicht außen vor. So ist z. B. Facebook das weltgrößte Internetnetzwerk und bietet deshalb eine sehr große Community. Dies allein ist jedoch nicht der entscheidende Vorteil, den Facebook-Fanseiten gegenüber herkömmlichen Webseiten bieten. Auch die hohe Interaktion auf Facebook ist ein Vorteil. So loggt sich jeder der 20 Millionen Nutzer einmal monatlich, 50 % sogar täglich ein (Weigert 2011). Durch eine Präsenz in sozialen Netzwerken können daher mit geringem Aufwand tendenziell mehr Menschen erreicht werden als mit einer herkömmlichen Internetpräsenz. Prinzipiell kann man Nutzer natürlich auch über eine herkömmliche Webseite erreichen, mittels dieser ist es jedoch nur beschränkt möglich (oder mit enormem Kostenaufwand verbunden), mit anderen oder dem Seiten-Betreiber in Aktion zu treten und an der Form sozialem Austausch teilzunehmen, die Social Media ermöglicht. In sozialen Medien besteht insgesamt eine größere Vernetzung der Community-Mitglieder und der im Netzwerk präsenten Stellen. Die Nutzer werden stets über Neuigkeiten, die auf Fanseiten oder Ähnlichem veröffentlicht werden, auf dem Laufenden gehalten. Auch wenn ähnliche Funktionen bereits auf herkömmlichen Webseiten möglich sind, z. B. durch sog. RSS-Feeds, machen es Social-Media-Dienste ihren Mitgliedern besonders einfach, alle diese Funktionen innerhalb der Netzwerke zu nutzen, in denen sie ohnehin, in der Regel aus privaten Gründen oder Fachinteressen, präsent sind. Außerdem können sich Synergie-Effekte zwischen den verschiedenen Netzwerken ergeben.

3.3.2 Auswahl eines Social-Media-Angebots im rechtlichen Rahmen und unter Berücksichtigung der konkreten Zielsetzung

Hat man sich auf Basis dieser Zulässigkeit für die Nutzung von sozialen Medien für die Verwaltung entschieden, stellt sich selbstverständlich die Frage, auf welche konkreten Dienste man zurückgreifen möchte. Dies variiert einerseits je nach Zielsetzung, andererseits ist allein der Hinweis auf die Unentgeltlichkeit nicht geeignet, der Auswahlentscheidung ihre rechtliche Relevanz abzusprechen.

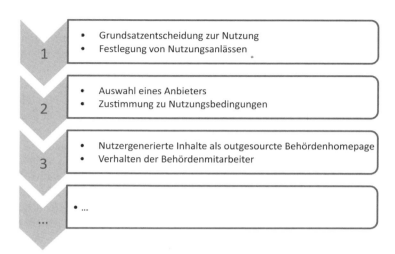

Abbildung 12: Ablauf des Einsatzes sozialer Medien durch die öffentliche Verwaltung

3.3.2.1 Vertragsverhältnis und Vergaberecht

Ein Nutzungsvertrag, egal ob unmittelbar durch die Behörde oder über einen Mitarbeiter vermittelt, liegt nämlich auch vor, wenn die Nutzung des sozialen Netzwerks kostenlos ist (Hoffmann/Schulz/Brackmann 2012, S. 170 ff.). Auch muss der Vertragsschluss nicht ausdrücklich erfolgen, sondern kann sich auch durch andere Akte, z. B. das Eröffnen eines Kontos, das Herunterladen der zum Betrieb erforderlichen Software oder durch bloße Nutzung vollziehen. Vor der Auswahl bestimmter Angebote ist zu prüfen, ob mit dem Vertragsschluss vergaberechtlich relevante Leistungsbeziehungen zwischen der öffentlichen Verwaltung und dem Anbieter entstehen. Der Begriff entgeltlicher Vertrag im Sinne des Vergaberechts setzt nicht zwingend eine Geldleistung voraus; auch andere geldwerte Gegenleistungen, z. B. die Einräumung von Verwertungsrechten, können dieses Merkmal erfüllen (ausführlich im Kontext sozialer Medien Hoffmann/Schulz/Brackmann 2012). Wenn im Einzelfall eine geldwerte Gegenleistung und damit ein entgeltlicher Vertrag vorliegt, hängt die weitere Behandlung vom Auftragswert ab. Ein Vergabeverfahren kann entbehrlich sein,

Ggf. ist das Vergaberecht im Rahmen der Auswahl zu beachten

Rechtsrahmen für die behördliche Nutzung von Social Media 85

wenn aus bestimmten Gründen (z. B. erforderliche Funktionalität, angestrebte Zielgruppe) nur ein privatwirtschaftliches Angebot in Betracht kommt. In jedem Fall ist aber eine Prüfung der Ausschreibungspflicht erforderlich; auch der Verzicht auf eine Ausschreibung aufgrund bestimmter sachlicher Gründe sollte dokumentiert werden. Die Entgeltlichkeit liegt in jedem Fall vor, wenn es sich bei den genutzten Diensten um sog. Premiumangebote mit Zusatzleistungen neben den kostenfreien Nutzungsmöglichkeiten handelt, die mit einem Aufpreis verbunden sind. In diesem Fall wäre der Vertrag als entgeltlich einzustufen und grundsätzlich bei Überschreiten der vergaberechtlichen Bagatellgrenze vergabepflichtig (vgl. zum Ganzen Finanzbehörde Hamburg 2011, S. 96 f.).

3.3.2.2 Bevorzugung bestimmter Angebote

In engem Zusammenhang mit der Geltung des Vergaberechts steht die Frage, nach welchen Kriterien die Auswahl eines Angebots erfolgt, wenn damit zugleich eine Beeinträchtigung der Rechte der Mitbewerber einhergeht. Nicht berücksichtigte Konkurrenten haben einen Abwehranspruch gegen begünstigende hoheitliche Maßnahmen, wenn der Staat nicht gerechtfertigt in die Wettbewerbsfreiheit eingreift. Ein solcher Eingriff liegt nur dann vor, wenn es der öffentlichen Hand auf eine Veränderung des Konkurrenzverhältnisses ankommt oder die Wettbewerbsnachteile in ihren tatsächlichen Auswirkungen so schwerwiegend sind, dass von einem Grundrechtseingriff gesprochen werden muss. Die Auswirkungen der Nutzung sozialer Netzwerke hängen vor allem davon ab, wie groß das Interesse der Bürger an den zur Verfügung gestellten Informationen ist und in welchem Umfang sich welche Behörde im Rahmen des Netzwerkes betätigt (Hoffmann/ Schulz/Brackmann 2012, S. 191). „Allerdings ist davon auszugehen, dass selbst eine intensive Nutzung durch die Bundesregierung oder andere Bundes- oder Landesbehörden nicht dazu geeignet sein dürfte, hinreichend schwerwiegende Wettbewerbsnachteile für die Konkurrenten [der Anbieter bestimmter Dienste] hervorzurufen" (Frevert und Wagner 2011, S. 80). Aufgrund des verfassungsrechtlichen Gleichheitssatzes ist die öffentliche Hand aber verpflichtet, auch im Bereich der fiskalischen Hilfsgeschäfte (z. B. beim Abschluss von zivilrechtlichen Verträgen) nicht ohne sachlichen Grund verschiedene Anbieter ungleich zu behandeln. „So könnte sich z. B. der Anbieter eines kostenlosen Tools benachteiligt fühlen, weil die [...] Verwaltung für ihren Social-Media-Auftritt nicht sein Tool, sondern jenes von dem Mitbewerber öffentlichkeitswirksam einsetzt" (Finanzbehörde Hamburg 2011, S. 96). Insofern bedarf es rechtfertigender sachlicher Gründe, z. B. in Form erweiterter Funktionen, einer größeren Reichweite oder aber auch einem höheren Maß an Datenschutzkonformität. Ein Verstoß gegen den Grundsatz der Gleichberechtigung könnte daneben eine unlautere Wettbewerbshandlung im Sinne des UWG darstellen. Nicht von der Hand zu weisen ist nämlich, dass eine Anmeldung einer Behörde in nur einem der vielen sozialen Netzwerke zu einem Anstieg der Neuregistrierungen in genau diesem Netzwerk führen und dieses sich einer besonderen Vertrauenswürdigkeit und Attraktivität rühmen könnte (Frevert und Wagner 2011, S. 80). Doch selbst wenn man die Anwendbarkeit des UWG auf die Eröffnung eines Accounts durch eine Behörde unterstellt, bedeutet dies allein keinen Wettbewerbsverstoß. Die Behörde ist lediglich dazu angehalten, das wettbewerbsrechtliche Gebot der Neutralität und Objektivität zu beachten. Die Belange privater Anbieter dürfen möglichst wenig berührt werden (Ebert-Weidenfeller 2010, § 4 UWG Rn. 13.11). Wenn eine Behörde sich für ein soziales Netzwerk entscheidet und ein Profil anlegt, will sie in der Regel einen zusätzlichen Kanal für ihre Öffentlichkeitsarbeit (oder andere Nutzungsanlässe) eröffnen. Das Wesen der sozialen Netzwerke ist, dass dieser Verbreitungsweg durch entstehende Netzwerkeffekte und die Schnelligkeit des Mediums einen großen Mehrwert erzielt, da eine Vielzahl von Bürgern mit geringem Aufwand in kürzester Zeit erreicht werden kann. Wenn die öffentliche Verwaltung sich ausschließlich für das soziale Netzwerk mit der größten Anzahl an privaten Nutzern oder bestimmten Funktionen entscheidet, ist dies Folge des Wettbewerbs und daher keine zielgerichtete Behinderung eines anderen Anbieters (Hoffmann/Schulz/Brackmann 2012, S. 193 f.). Insbesondere wenn kein Vergabeverfahren vorab durchzuführen war, muss die Auswahlentscheidung aber aufgrund sachlicher Kriterien erfolgen, die in erster Linie ein transparentes Vorgehen erfordern. Dafür ist eine klare Zieldefinition (im Sinne der verschiedenen Einsatzformen von Social Media für die öffentliche Verwaltung) unerlässlich. Von dieser Zieldefinition lassen sich dann Kriterien ableiten, anhand derer sich die potenziell in Betracht kommenden Anbieter messen lassen. Ein mögliches Ergebnis kann auch sein, dass ein bestimmter Zweck nur durch ein bestimmtes Tool erreicht werden kann (Finanzbehörde Hamburg 2011, S. 96 f.). Soweit sich aufgrund der mit dem Einsatz sozialer Medien verfolgten Zielsetzungen sachliche Gründe ableiten lassen, stehen der Wahl bestimmter Tools also keine rechtlichen Hindernisse entgegen. Aufgrund der Vielzahl datenschutzrechtlich problematischer Funktionen einzelner Angebote (wie z. B. Facebook) ist es der Behörde jedoch auch freigestellt, mit dieser Argumentation auf datenschutzkonformere Angebote zurückzugreifen.

Wettbewerbsrechtliche Neutralität und Objektivität muss eingehalten werden

Rechtsrahmen für die behördliche Nutzung von Social Media

3.3.2.3 Zustimmung zu (allgemeinen) Nutzungsbedingungen

Mit dem Vertragsschluss stimmt der Nutzer, auch derjenige aus der öffentlichen Verwaltung, in der Regel den allgemeinen Nutzungsbedingungen und weiteren Regelwerken (z. B. zur Privatsphäre, zum Datenschutz oder für bestimmte weitere Funktionalitäten wie der Einrichtung sog. Seiten bei Facebook) zu. Zu beachten ist, dass diese in der Regel nicht verhandelbar sind: „Hinsichtlich dieser Bedingungen muss sich die öffentliche Verwaltung als Nutzer bewusst machen, dass diese vom Betreiber gestellten Vertragsbedingungen faktisch nicht verhandelbar sind und der Nutzer somit nur die Möglichkeit hat, entweder diese zu akzeptieren oder von dem Einsatz dieses Angebots ganz Abstand zu nehmen" (Finanzbehörde Hamburg 2011, S. 96 f.). Spezielle Geschäftsbedingungen für Nutzer der öffentlichen Hand existieren (anders als in den Vereinigten Staaten) nicht.

Hinsichtlich etwaiger Verstöße der Nutzungsbedingungen gegen deutsches AGB-Recht ist zu berücksichtigen, dass eine Inhaltskontrolle zwischen staatlichen Stellen (als juristische Personen des öffentlichen Rechts) und Unternehmen nur eingeschränkt erfolgt (vgl. § 310 Abs. 3 BGB). Dennoch können sich einzelne Regelungen als nicht AGB-Recht-konform herausstellen, insbesondere wenn es sich um überraschende Klauseln handelt oder aber gegen deutsches Datenschutzrecht verstoßen wird. Dies schließt eine Zustimmung zu den Nutzungsbedingungen jedoch nicht generell aus, vielmehr muss sich die öffentliche Verwaltung die problematischen Funktionalitäten eines bestimmten Dienstes bewusst machen und diese nur eingeschränkt bzw. gar nicht nutzen (so z. B. die Funktion des Freundefinders bei Facebook, der für ein Profil bestimmte Freunde vorschlägt). Grundsätzlich führt ein Verstoß gegen das AGB-Recht nämlich auch nicht zur Unwirksamkeit des gesamten Vertrages, sondern lediglich zur Nichtanwendbarkeit der entsprechenden Klauseln und unter Umständen ihrer Ersetzung durch allgemeine Rechtsgrundsätze und gesetzliche Grundwertungen (Hoffmann/Schulz/Brackmann 2012, S. 172). Der öffentlichen Verwaltung muss aber bewusst sein, dass sie sich faktisch kaum erfolgreich auf diese Unwirksamkeit wird berufen können, sodass sie vielmehr gehalten ist, ihr Verhalten im Vorfeld daran auszurichten.

Derzeit existieren keine speziellen Nutzungsbestimmungen der Anbieter für die öffentliche Verwaltung

Die wesentliche Fragestellung muss sein, ob ein etwaiger Verstoß so gravierend ist, dass eine Nutzung eines Angebots grundsätzlich ausscheidet, oder ob er lediglich Auswirkungen auf die konkrete Ausgestaltung des behördlichen Auftritts in den sozialen Netzwerken durch die öffentliche Verwaltung hat (z. B. Verzicht auf die Nutzung bestimmter Funktionen, statt Verzicht auf die Nutzung überhaupt). Hierbei muss dann ggf. auch zwischen den Vorteilen, die mit einem

88 Rechtliche Rahmenbedingungen für die Nutzung von Social Media

bestimmten Angebot verbunden sind (z. B. Erreichbarkeit einer Vielzahl von Bürgern), und den negativen Begleiterscheinungen abgewogen werden (Hoffmann/ Schulz/Brackmann 2012, S. 173). Können diese durch gezielte Maßnahmen reduziert werden, ist eine Nutzung trotzdem vorstellbar. Anhand konkreter Beispiele lässt sich dies verdeutlichen: Unterstellt man die Unzulässigkeit, Urheberrechte an nutzergenerierten Inhalten auf Grundlage von AGB-Klauseln auf einen Seitenbetreiber zu übertragen (vgl. dazu Berberich 2011), ist die Behörde verpflichtet, zu prüfen, ob der „Verlust" des Urheberrechts an Statusmeldungen, Fotos und anderen Inhalten unzulässig bzw. nicht opportun ist, um dann das Handeln in diesem sozialen Netzwerk daran auszurichten. Dieser Umstand führt hingegen nicht dazu, dass eine Behörde dieses Angebot dann gar nicht mehr nutzen kann. Der Zugriff von sozialen Netzwerken auf die E-Mail-Postfächer der Nutzer, um den „Freundeskreis" zu erweitern, ist unzulässig, da personenbezogene Daten von Personen übertragen werden, die nicht eingewilligt haben. Selbst wenn ein Anbieter diese Funktion zur Verfügung stellt, kann die öffentliche Verwaltung dessen Angebot nutzen – lediglich diese bestimmte Funktion ist ihr verwehrt.

3.3.3 *Zustimmung zu Datenschutzbedingungen und Funktionalitäten, die nicht datenschutzkonform sind*

Vergleichbar stellt sich die Situation hinsichtlich der Funktionalitäten oder Bedingungen aus Datenschutzbestimmungen dar, die nach deutschem Datenschutzrecht als unzulässig zu bewerten sind, insbesondere weil die erteilte Einwilligung der Betroffenen nicht hinreichend ist. Deshalb sollte die Verwaltung ihren Auftritt in sozialen Netzwerken so ausrichten, dass sie diese Funktionen nicht oder nur datenschutzkonform nutzt. Für bestimmte in sozialen Netzwerken auffindbare Dienste bzw. Optionen bedeutet dies folgendes (s. auch Hoffmann/ Schulz/Brackmann 2012, S. 173 ff.):

Problematische Klauseln führen nicht zum Verbot der Nutzung, sondern zum Erfordernis, das eigene Verhalten der Behörde entsprechend auszugestalten

- Die Nutzung sog. Freundefinder („friend finder"), die einen Abgleich von (Facebook-) Profilen mit den im eigenen E-Mail-Postfach gespeicherten E-Mail-Adressen (in Form von Kontakten oder Nachrichten) ermöglichen, durch die öffentliche Verwaltung scheidet aus, da es zu einer Übermittlung von personenbezogenen Daten von Nichtmitgliedern an den Betreiber des sozialen Netzwerks kommt. Diese Übermittlung wäre auch von demjenigen Mitglied selbst, welches die Funktion des Freundefinders nutzt, und nicht durch den Diensteanbieter, initiiert. Die Behörde wäre insofern datenschutz-rechtlich verantwortlich. Da die Einwilligung aller potenziell Betroffenen ausgeschlossen erscheint, muss die Nutzung solcher Dienste unterbleiben. Damit ist aber die Nutzung anderer Angebote des gleichen Anbieters (z. B. einer Fanseite) nicht grundsätzlich ausgeschlossen.

- Für die Option, für hochgeladene Fotos Markierungsvorschläge zu erhalten, indem ein Abgleich biometrischer Daten zwischen dem hochgeladenen Bild sowie den Profil- und weiteren bereits „getaggten" Bildern erfolgt, ist zu bedenken, dass bei Fotos, die von Behörden eingestellt werden, ohnehin ein Einverständnis der Betroffenen zur Veröffentlichung vorliegen muss. Der dann erfolgende Abgleich durch den Anbieter des sozialen Netzwerks ist von den Mitgliedern legitimiert; das sog. „Taggen" erfolgt wiederum durch die Behörde und erfordert eine Einwilligung. Insofern ist ebenso wieder das konkrete Handeln der Behörde datenschutzkonform zu gestalten[24]; ein grundsätzlicher Ausschluss der Verwendung bestimmter Social-Media-An-gebote resultiert daraus aber nicht.

- Die Nutzung des sog. Gefällt-mir-Buttons bzw. ganz allgemein von Social-Media-Plug-Ins, die auf der eigenen (Behörden-)Homepage implementiert werden können, ist aufgrund der Übermittlung personenbezogener Daten von (Facebook-)Mitgliedern (und ggf. auch Nichtmitgliedern) nicht zuläs-sig. Dieser Datenverarbeitungsprozess ist – anders als die Reichweitenana-lyse – allein durch die Einbindung auf der eigenen Homepage und nicht ausschließlich vom Betreiber des sozialen Netzwerks initiiert, sodass dies-bezüglich eine unmittelbare datenschutzrechtliche Verantwortlichkeit ange-nommen werden kann.

Insofern ist hinsichtlich solcher Funktionen und Regelungen in den Datenschutz-bestimmungen (die ebenfalls als AGB zu bewerten sind) die gleiche Prüfung wie in Bezug auf sonstige AGB-Regelungen erforderlich: nämlich ob der Verstoß so gravierend ist, dass eine Nutzung eines Angebots grundsätzlich ausscheidet, oder ob er lediglich Auswirkungen auf die konkrete Nutzung des Angebots durch die öffentliche Verwaltung hat (z. B. Verzicht auf die Nutzung bestimmter Funktio-nen statt Verzicht auf die Nutzung überhaupt). Insbesondere das letztgenannte

---

24 In diese Richtung argumentiert auch die Finanzbehörde Hamburg 2011, S. 97: „In der Praxis resultiert aus dem Datenschutzgebot für die Hamburgische Verwaltung zunächst die Pflicht, vor der Entscheidung über die Nutzung eines Social Media Tools immer zu prüfen, ob bei der konkreten Anwendung durch die Hamburgische Verwaltung personenbezogene Daten aus dem Verfügungsbereich der Hamburgischen Verwaltung verarbeitet werden sollen und ob die daten-schutzrechtlichen Anforderungen (jeweils) für die konkret geplante Art der Datenverarbeitung im Rahmen der Funktionen des vorgesehenen Social Media Tools eingehalten werden können".

Beispiel (Gefällt-mir-Button/„Like-Button") und die diesbezügliche Diskussion zeigen, dass eine datenschutzwidrige Funktion Unternehmen und Behörden, die dem deutschen BDSG-Regime unterliegen, nicht grundsätzlich daran hindert, einen bestimmten Dienst in Anspruch zu nehmen. Folge der unzulässigen Datenerhebungen im Kontext der Social-Media-Plug-Ins ist lediglich, dass eine Einbindung auf eigenen Seiten nicht oder nur mit ergänzenden Hinweisen und technischen Sicherungen zulässig ist (Venzke 2011), während die Existenz eines behördlichen Auftritts im jeweiligen Social-Media-Angebot nicht grundsätzlich infrage gestellt wird.

3.3.4 Beeinflussung von Bürgern zur Nutzung einer bestimmten Plattform

Schließlich könnte auch der Umstand, dass Bürger verleitet werden, die Dienste einer bestimmten Plattform zu nutzen, da auf dieser auch behördliche Informationen verfügbar sind, gegen die Zulässigkeit des Einsatzes von Social Media für die öffentliche Verwaltung sprechen. Der Unterschied zur Veröffentlichung behördlicher Informationen auf der eigenen Homepage ist, dass der Nutzer seinerseits in der Regel einen Nutzungsvertrag mit dem sozialen Netzwerk oder Social-Media-Dienst abgeschlossen und sich damit auch ggf. datenschutzrechtlich bedenklichen Regelungen unterworfen haben muss, um auf alle Inhalte zuzugreifen. In diesem Kontext ist aber zu beachten, dass es sich bei der Öffentlichkeits- und Informationstätigkeit überwiegend um eine freiwillige Aufgabe der öffentlichen Verwaltung handelt – mit der Folge, dass die Verlagerung auf andere Medien weitaus unkritischer sein dürfte[25] als z. B. ausschließlich elektronisch durchführbare Verwaltungsverfahren.

---

25 Insofern exemplarisch die Diskussion um die Informationstätigkeit der Bundesregierung auf Twitter. Die „Hauptstadtpresse" sah durch dieses zusätzliche Angebot ihren Informationsvorsprung aufgrund der Anwesenheit in der Bundespressekonferenz gefährdet; Protokoll der Regierungspressekonferenz vom 25. 03.2011; abrufbar unter http://goo.gl/KVNVU.

4   Social-Media-Strategien für Behörden

Die strategischen und organisationalen Rahmenbedingungen für die Nutzung von sozialen Medien als professionelles Kommunikationsinstrument in der öffentlichen Verwaltung sollten aus unserer Sicht ähnlich rigorose Abläufe verfolgen wie alle anderen technologischen Innovationen, die offiziell eingeführt werden. Dazu gehören z. B. Tauglichkeitsbewertungen, die Nutzung von sozialen Medien im Einklang mit der existierenden Kommunikationsstrategie, um den öffentlichen Auftrag der Verwaltung zu erfüllen, und die Einführung von entsprechenden täglichen Routinen und Verantwortlichkeiten.

Viele potenzielle Nutzer von Social Media in der öffentlichen Verwaltung schrecken davor zurück, den Schritt zu wagen, Social Media in ihr Kommunikationsportfolio hinzuzufügen. Die Plattformen werden oftmals als technologische Innovation angesehen und konsequenterweise werden die Verantwortung und die Bewertung der Sinnhaftigkeit auf die IT-Abteilungen abgeschoben.

Aus unserer Sicht ist dieser Ansatz jedoch grundlegend falsch. Die Technologie selber ist sehr einfach zu nutzen. Das zeigt auch die weitverbreitete Popularität sozialer Medien: Die größten Zuwächse der Nutzerzahlen auf Facebook sind in der sog. Großeltern-Altersklasse zu verzeichnen, zudem zeigt sich heute eine stärkere Internet-Affinität der Bevölkerung quer durch alle Altersklassen. Die Technologie selber ist von daher kein Hindernis für die Anwendung, vielmehr ist es notwendig, dass sich jede öffentliche Verwaltung über die effektive und effiziente Verwendung Gedanken macht, sowie darüber, wie dies für die Bevölkerung von Vorteil sein könnte. Wie können z. B. soziale Medien dazu genutzt werden, um die Mission der eigenen Behörde umzusetzen und den öffentlichen Auftrag mit sozialen Medien zu erleichtern, moderner zu gestalten und eventuell jene Teilnehmer zu erreichen, die andernfalls unerreichbar sind?

Die grundsätzliche Entscheidung über den Einsatz von Social Media in einer Behörde ist daher möglichst hochrangig zu treffen. Dabei sind primär die PR-

und Medienverantwortlichen einzubinden. Die technischen Fragstellungen sind für die grundsätzliche Entscheidung über das „Wie" von geringerer Bedeutung.

4.1 Dimensionen der Social-Media-Strategie

Social-Media-Strategien finden sich in den unterschiedlichsten Ausformungen in der Fachliteratur und diversen elektronischen Publikationsformen. Die Strategie und das ideale Vorgehen gibt es daher nicht, vielmehr hängt es von der jeweiligen Organisation ab, welche Art und Weise der Social-Media-Nutzung für sie gewählt wird. Wir haben im Folgenden, die für uns wichtigsten Dimensionen einer Social-Media-Strategie aufgestellt, die unserer Einschätzung nach relevant für eine umfassende Strategie in größeren Organisationen sind.

Der wichtigste erste Schritt für eine organisationsweite *Strategie* ist die Zielsetzung und die dazu notwendigen auszuarbeitenden *Richtlinien*. Wie können soziale Medien die Kernaufgaben und die daraus abzuleitenden Leitbilder und Ziele unterstützen und welche Richtlinien sind dazu auszuarbeiten?

Wenn die prinzipielle Entscheidung getroffen wurde und die dazu notwendige Strategie und Richtlinie ausgearbeitet wurde, stellen sich folgende Fragen: Wie gehe ich als Gesamtorganisation mit Social Media um und welche Handlungsspielräume eröffne ich meinen Organisationseinheiten? Und: Nach welchen Vorgaben werden die Social-Media-Werkzeuge und -Plattformen zur Verfügung gestellt? Die Bandbreite der *Social-Media-Organisationsmodelle* geht von ausschließlich zentraler Social-Media-Nutzung durch die PR- und Medienverantwortlichen über keinen zentralen Auftritt, aber Vorgaben zu Social-Media-Plattformen und -Handlungsrahmen für die Fachabteilung, bis hin zur völlig freien Entscheidung über Nutzung von Social Media der jeweiligen Fachabteilungen.

Neben dem Strategie- und Organisationsmodell können für die Organisation *Einsatzfelder* als Beispiel angeführt werden oder auch vorgegeben werden, diese bilden ein Spektrum von klassischer PR-Nutzung bis hin zum internen Einsatz von Social Media.

Social Media kann unterschiedlich genutzt werden – vom reinen zusätzlichen Informationskanal bis hin zum Ziel, Bürger in die Lösungserarbeitung einzubinden. Diese unterschiedlichen Formen haben wir unter *Social-Media-Taktiken* zusammengefasst. Die Details zu den Dimensionen folgen in den anschließenden Kapiteln.

Abschließend folgt die Umsetzung durch Implementierung der zuvor getroffenen Entscheidungen auf Ebene der dafür verantwortlichen Organisationseinheiten. Dies können die PR-Abteilungen alleine oder gemeinsam mit den Fachab-

Social-Media-Zielsetzung und Richtlinien 93

teilungen sein. Die dazu notwendigen Schritte haben wir unter *Implementierung* zusammengefasst. Die Details dazu finden sich im Kapitel 5.

4.2 Social-Media-Zielsetzung und -Richtlinien

Da die Nutzung sozialer Netzwerke (Social Media) für die öffentliche Verwaltung eine vergleichsweise neue Erscheinung ist, haben die meisten Organisationen weder Zielsetzungen noch allgemeine Richtlinien für den Umgang. Gerade weil sich für die öffentliche Verwaltung aber eine andere Rolle als z. B. für Unternehmen ergibt, sind Zielsetzung und Richtlinien hilfreich. Hier zeigen sich individuelle und branchenspezifische Bedürfnisse von Verwaltungen, Firmen oder auch Verbänden. Jedoch lässt sich dies für die einzelnen Abteilungen und deren unterschiedliche Funktionen nicht verallgemeinern: Eine Presseabteilung definiert andere Ziele und braucht andere Richtlinien als die fachlich zuständigen Stellen. Social-Media-Ziele und -Richtlinien sollten daher idealerweise kollaborativ in Workshops für jede Organisation bzw. Einheit und sogar für unterschiedliche Funktionen individuell erarbeitet werden. Relativ klar formuliert werden können aber die Dimensionen, mit denen sich Organisationen auseinandersetzen müssen, sowie die wichtigsten, grundsätzlichen Fragen: Es geht um den strategischen Einsatz von Social Media, das Risikomanagement für Mitarbeiter sowie das Risikomanagement für die Organisation (Müller und Schulz 2011). Diese drei Elemente sollten in den Richtlinien abgebildet werden:

- Ziele – Welche Ziele will ich mit sozialen Medien erreichen?
- Risikominderung für Mitarbeiter – Was erlaube ich?
- Risikominderung für die Organisation – Wo setze ich Schranken?

Das Ziel einer größtmöglichen Akzeptanz der Social-Media-Richtlinien in der Verwaltung und bei den Behördenmitarbeiterinnen und -mitarbeitern kann nur erreicht werden, wenn bereits der Prozess der Erarbeitung der Richtlinien in engem Austausch mit den Mitarbeitern, aber auch anderen Akteuren erfolgt.

Insbesondere im Unternehmensumfeld finden sich zahlreiche Beispiele (Überblick bei Klessmann und Gorny 2011), in denen die Social-Media-Richtlinien mit einer ausführlichen Beschreibung der allgemeinen Rahmenbedingungen (z. B. Definition, Zielsetzung, Verhältnis zu anderen Unternehmensrichtlinien oder -zielen, Hinweis auf dienst- und arbeitsrechtliche Grundsätze, Verbindlichkeit, Geltungs-/Anwendungsbereich) beginnen. Diese haben insbesondere auch den Zweck, Mitarbeitern, für die der Umgang mit sozialen Medien nicht (oder noch nicht) alltäglich ist, eine erste Orientierung zu geben, aber auch z. B. rechtliche Zusammenhänge zu klären. Angesichts des Umstandes, dass selbst Kommunikationsformen, die in der Privatwirtschaft schon seit längerem im Einsatz sind, nur langsam Einzug in die öffentliche Verwaltung halten, erscheint ein solches Vorgehen hier in jedem Fall auch angezeigt.

Im Sinne einer Regelungssystematik von allgemeinen Regeln hin zu speziellen Vorgaben sollten nach den Rahmenbedingungen allgemeine Vorgaben aufgestellt werden, die für alle Einsatzvarianten, soweit diese dienstlichen Charakter haben und offiziell beschlossen wurden, gleichermaßen Geltung beanspruchen. Selbst wenn die interne Kommunikation mittels sozialer Medien, die z. B. im Intranet zur Verfügung stehen, nicht ausdrücklich von einer Social-Media-Guideline geregelt wird, können die allgemeinen Regelungen – insbesondere zum Umgang miteinander – auch für diese Kommunikationsvariante angeordnet werden.

Folgende Aspekte sollten in Zielsetzung und Richtlinie enthalten sein:

Strategische Rahmenbedingungen

- Definition Soziale Medien
- Zielsetzung des Social-Media-Einsatzes und der Bezug zu den allgemeinen Unternehmenszielen
- Hinweis auf die allgemeinen dienst- und arbeitsrechtlichen Grundsätze und Verweis auf die Beziehung der Richtlinien zu weiteren Regelwerken
- Verbindlichkeit der Vorschriften, Geltungs- und Anwendungsbereich

Spezifische Richtlinien:

- Hinweis auf die Besonderheiten der Online-Kommunikation mit konkreten Benutzungsregeln
- Vorgaben zur Erkennbarkeit des handelnden Mitarbeiters bzw. zur Kenntlichmachung der Organisation
- Regelungen zum Zugangsmanagement, zur Verwaltung von Funktions- und anderen Nutzerkonten
- Regelungen zum Umgang mit sozialen Medien in dienstlichen Veranstaltungen und Hinweise zur Definition und Zulässigkeit privater Nutzung

4.3 Social-Media-Organisationsmodell

Nach einer Analyse der grundsätzlichen Zulässigkeit und einer Vergewisserung über den allgemeinen Rechtsrahmen und der Erstellung der allgemeinen und spezifischen Richtlinien ist die Entscheidung über das Social-Media-Organisationsmodell zu treffen. Dabei können grob drei Modelle unterschieden werden:[26]

1. Organisches Modell: Fachabteilungen entwickeln selbständig dezentral ihre Social-Media-Auftritte.
2. Zentralisiertes Modell: Der Social-Media-Auftritt wird zentral vorgegeben und von einem Social-Media-Team betrieben, welches häufig der PR-Abteilung zugeteilt ist.
3. Koordiniertes Modell: Die technischen und organisatorischen Maßnahmen werden zentral organisiert und koordiniert, die Umsetzung erfolgt dezentral in den Fachabteilungen.

Es zeigte sich, dass erfolgreiche Unternehmen in der Praxis eines dieser drei Modelle angewendet haben. Dabei ist zu beachten, dass es kein optimales Modell gibt, vielmehr hängt das richtige Modell von verschiedenen Faktoren, z. B. dem Grad der Offenheit in der Organisation, ihren Zielen und auch der Struktur ab. Ebenso kann sich das gewählte Social-Media-Organisationsmodell mit der Veränderung bestimmter Ziele auch ändern.

Das organische Modell ist natürlich aufgebaut und erlaubt Offenheit dort, wo sie am ehesten entsteht. Typischerweise passiert dies ohne viel Kontrolle, manchmal auch ohne klare, offizielle Erlaubnis bzw. Monitoring. Ein Beispiel dafür wäre die Erstellung eines Blogs auf Basis einer neuen Idee, oder die Eröffnung einer Facebook-Seite ohne offizielle Erlaubnis bzw. Bekanntgabe an PR-verantwortliche Stellen in der Organisation. Auch muss in diesem Modell nicht immer ausgewiesen werden, wer welche Inhalte im Namen der Redaktion bzw. Organisation veröffentlicht hat. Ein Beispiel dafür wäre die Errichtung eigener Social-Media-Präsenzen durch die Fachabteilung, ohne die Ausrichtung von oben zu kontrollieren. Repräsentanten der verschiedenen Gruppen können sich z. B. zu einem monatlichen Meeting treffen, um Erfahrungen auszutauschen, darüber hinaus werden aber keine zentralen Vorgaben gemacht.

Die Nachteile dieses Modells sind, dass der Auftritt weniger einheitlich erscheinen wird bzw. man auch die Synergieeffekte einer gemeinsamen Strategie nach außen verliert. Zusätzlich geht man das Risiko ein, zu viele Dienste mit

---

26 Open Leadership: How Social Technology Can Transform the Way You Lead, Charlene Li, 2010.

denselben Informationen zu erhalten (z. B. vier Communities, drei Diskussionsforen und zwei Präsenzen in sozialen Netzwerken). Andererseits eignet sich dieses Modell sehr gut für jene, die Social Media einmal ausprobieren möchten, da weniger stark strukturierte Prozesse daran gebunden sind. Vielfach war und ist zu beobachten, dass Fachabteilungen von Behörden selbstständig ohne Absprachen Social-Media-Auftritte auf Facebook oder Blogplattformen aufgebaut haben. Wir empfehlen die Erfahrungen aus solchen, auch nicht genehmigten, Pionierprojekten zu nutzen.

Das *zentralisierte Modell* ist in traditionell hierarchischen Organisationen häufig anzutreffen und die Entscheidungen liegen beim Top-Management. Üblicherweise gibt es einen genauen Plan und eine entsprechende Schwerpunktsetzung und die beteiligten Mitarbeiter sind gehalten, diesen Plan zu befolgen. Typischerweise sind nur einige wenige Leute an der Entscheidungsfindung und der Strategiebildung beteiligt. Die strategischen Entscheidungen werden aber zentral getroffen und sind stark koordiniert. Ein erfolgreiches Beispiel aus dem Unternehmenskontext wäre Starbucks. Hier arbeiten sechs Personen an den Social-Media-Initiativen als Teil der Online Media Group: Zwei Community Manager, die direkt mit den Menschen interagieren und vier Programmierer und Support-Angestellte. Ein Nachteil des Modells ist, dass bei spontanen Aktionen, die in Social-Media-Aktivitäten nützlich sein könnten, die Verantwortung meist auf die dafür zuständigen Abteilungen abgewälzt wird und sich darüber hinaus die Mitarbeiter weniger beteiligen.

Beim *koordinierten Modell* findet sich üblicherweise eine stark zentralisierte Richtung, z. B. in der Form von Richtlinien, Best-Practice-Modellen und bevorzugten Plattformen. Dennoch obliegt die genaue Ausrichtung, z. B. hinsichtlich Budget oder Ressourcen, der jeweiligen Abteilung. Dieser Ansatz ist für dezentralisierte Organisationen, die größere Synergieeffekte und Kollaboration erreichen möchten, gut geeignet. Üblicherweise entscheiden sich Organisationen dann dafür, wenn sie mit der Materie bereits gute Erfahrungen gemacht haben (Best-Practice-Ansatz). Eine Organisation, die dieses Modell anwendet, ist Hewlett-Packard. Bei der Veröffentlichung der ersten Unternehmensblogs 2005 wurde auf ein einheitliches Erscheinungsbild geachtet sowie darauf, dass diese über die Unternehmens-Webseite erreichbar waren. Zusätzlich wurden eine Social-Media-Policy und ein Verhaltenskodex umgesetzt, die es Bloggern ermöglichte, ihre Inhalte nach einem entsprechenden Training selbst zu koordinieren. Die Nachteile dieses Modells liegen darin, dass durch die Professionalisierung des zentralen Modells die Reaktionsgeschwindigkeit im Vergleich zum zentralen Modell geringer sein kann.

Bei der Wahl des richtigen Modells ist die momentane Organisation und Strategie zu berücksichtigen. Ein Mangel an starker Unternehmensstruktur in Kombination mit einer dezentralen Organisation würde z. B. eher nach dem organischen oder koordinierten Modell verlangen. Der entscheidende Faktor in der Wahl zwischen diesen beiden Modellen läge dann darin, wie viel Kontrolle und Koordination gewünscht wäre. Hat man es allerdings mit einem möglichst schnell zu erreichenden Ziel zu tun und muss schnell reagieren, bietet sich das zentralisierte Modell an. Schließlich und endlich ist die Wahl eines bestimmten Modells kein in Stein gemeißeltes Unterfangen und kann über die Zeit angepasst werden. So startete z. B. das Unternehmen Dell mit einem hoch zentralisierten Team, hat sich aber im Laufe der Zeit eher für ein koordiniertes Modell entschieden, mit dem Initiativen, die innerhalb der Organisation entstehen, besser unterstützt werden können. Gleichzeitig kann dies wiederum zu Problemen mit jenen Mitarbeitern führen, die an ein hohes Maß an Kontrolle gewöhnt sind. Solange man sich aber dieser Tendenzen bewusst ist und vorausschauend planen kann, kann dieser Wechsel ohne Probleme vollzogen werden.

Tabelle 3:   Einführungsformen[27]

	Organisch	Zentralisiert	Kooperativ
Beschreibung	Individuelle Anstrengungen entstehen unabhängig voneinander	Eine Person oder Gruppe treibt die Einführung voran und setzt die Richtung fest.	Eine Gruppe stellt best practices auf und führt die die neuen Praktiken überall ein.
Vorteile	Bedürfnisse aller Abteilungen werden befriedigt	Einführung kann schnell vorangetrieben werden, wenige Mitarbeiter notwendig	Best practices verteilen sich schneller und gleichmäßig
Nachteile	Inkonsistent und höchstwahrscheinlich ohne offizielle Ressourcenausstattung	Langsame Ausbreitung in der Organisation, ohne authentische Gemeinschaft, die hinter den Ideen steht	Konkurriert um limitierte Budgets und Aufmerksamkeit, Top-Management-Unterstützung notwendig
Personalausstattung	Vor allem von einzelnen Vorreitern, die als Experten angesehen werden	Ein Vorreiter, der auch das gesamte Team zusammenhält	Abteilungsähnliche Koordination

---

27   In Anlehnung an: Li (2010): Open Leadership: How Social Technology Can Transform the Way You Lead.

	Organisch	Zentralisiert	Kooperativ
Geeignet für	Neue Anwender mit wenigen Mitarbeitern und limitierten Ressourcen	Stark zentralisiert	Verteilt operierende Organisationen
Beispiele	Humana, Microsoft	Starbucks, Fod	Red Cross, HP

4.4 Social-Media-Einsatzgebiete

4.4.1 Presse- und Öffentlichkeitsarbeit

Hinsichtlich des Einsatzes von Social-Media-Anwendungen für die Presse- und Öffentlichkeitsarbeit ist ein geringerer Handlungsbedarf zu erwarten, zumal es sich bei dieser Art der Kommunikation um eine geübte Praxis handelt (lediglich das Medium variiert), das eingesetzte Personal in der Regel eine gewisse Affinität zu neuen Arten der Informationsbeschaffung und -verbreitung besitzt und oft ein in sich kohärentes Regelungs- und Verantwortlichkeiten-Regime existiert. Insofern muss insbesondere eine Zuweisung der Verantwortlichkeit für die Kommunikation mit sozialen Medien an die zuständige Presse- und Öffentlichkeitsarbeitsabteilung erfolgen, wobei zur Klarstellung auf das Verhältnis und die Abgrenzung zum fachlichen Diskurs hingewiesen werden kann.

4.4.2 Fachlicher Diskurs

Sollte sich die öffentliche Verwaltung entscheiden, auch den fachlichen Diskurs einzelner Mitarbeiter über die allgemeine Öffentlichkeitsarbeit hinaus zuzulassen, dürfte dieser Teilbereich den größten Regelungsbedarf auslösen. Bei der Analyse, ob und inwieweit sowie nach welchen konkreten Regeln eine Organisationseinheit den fachlichen Diskurs nach außen und in sozialen Netzwerken und damit eine Veröffentlichung bestimmter Informationen ermöglichen will, sind folgende Aspekte zu berücksichtigen:

- Der Umstand, dass es zahlreiche Informationen der öffentlichen Verwaltung gibt, die zwar grundsätzlich öffentlich sind, die aber die Relevanzschwelle für eine Pressemitteilung (oder auch nur eine Twitter-Meldung durch die Öffentlichkeitsarbeit) nicht erreichen. Diese dennoch einer interessierten

Fachöffentlichkeit zugänglich zu machen, ist zielführend. Dabei wird es sich vorrangig um Informationen handeln, die einerseits keine personenbezogenen Daten beinhalten, andererseits ohnehin öffentlich zugänglich sind, deren Auffinden aber nachhaltig erleichtert werden kann.

- Der Umstand, dass der fachliche Diskurs keineswegs eine neue Erscheinung ist, die erst durch die sozialen Medien hervorgebracht wird, sondern seit jeher – auch von der öffentlichen Verwaltung – praktiziert wird. So existiert eine fachliche Kommunikation mit interessierten Kreisen der Bevölkerung in Podiumsdiskussionen, Fachforen, Kongressen, Vorträgen, Aufsätzen und vielem mehr, teilweise auch über neue Medien. Dies erfolgt in der Regel auch eigenverantwortlich durch den jeweiligen Mitarbeiter im Rahmen seiner eigenen Zuständigkeit, ggf. nach Absprache mit dem direkten Vorgesetzten. Daher erscheint es nicht angezeigt, diese eingeübte Praxis bei der Verlagerung in die sozialen Medien grundsätzlich infrage zu stellen.

Ausgehend von diesen Vorüberlegungen kann der fachliche Diskurs näher definiert werden (Schulz 2012, S. 148 f.). Es handelt sich um die Kommunikation mit einer interessierten Fachöffentlichkeit über Fragestellungen, die der Aufgabenbeschreibung und Zuständigkeit des einzelnen Verwaltungsmitarbeiters zugeordnet werden können. Dabei können im Einzelnen erhebliche Unterschiede bestehen – so wird der fachliche Austausch in Ministerien oftmals auch über aktuelle Gesetzgebungsvorhaben o. Ä. geführt, während in bestimmten Fachbehörden fachliche Erkenntnisse, neu veröffentliche Richtlinien oder Ähnliches betroffen sein können. Negativ lassen sich jedoch konkrete außenbezogene Verwaltungsverfahren, die Presse- und Öffentlichkeitsarbeit für die Gesamtorganisation sowie die Beantwortung von Bürgeranfragen ausgrenzen. Angesichts der vergleichbaren Zielsetzung der (informalen) Beteiligung Externer durch den fachlichen Diskurs mit förmlichen Anhörungs- und Beteiligungsrechten sollte darauf hingewiesen werden, dass diese nicht infrage gestellt werden (Schulz 2012, S. 149).

Gerade im Bereich des fachlichen Diskurses ist es wichtig, dass sich die Organisationseinheit vergewissert, welche Ziele sie mit diesem Nutzungsanlass und damit auch den entsprechenden Vorgaben innerhalb einer Richtlinie erreichen will. Die denkbare Ausgestaltung dürfte von der Reglementierung für den Fall, dass ein Mitarbeiter soziale Medien auch dienstlich nutzen möchte, bis hin zur aktiven Einforderung der Nutzung durch den Arbeitgeber variieren. Dabei ist es durchaus denkbar, zwischen unterschiedlichen Abteilungen zu differenzieren. Während es zielgerichtet erscheint, die dienstliche Kommunikation auch über soziale Medien z. B. in einer Abteilung, die „netzpolitische", „internetbezogene" Themen oder solche, die einen starken Bürgerbezug aufweisen (z. B. Planungsabteilungen im kommunalen Bereich) bearbeitet, aktiv einzufordern, existieren in jeder Verwaltung auch Bereiche, für die sich dies weit weniger eignet (Zentralabteilungen, Abteilungen mit weitgehend internen Aufgabenstellungen etc.). Gerade in einer Anfangsphase erscheint daher die Auswahl geeigneter Abteilungen eine zielführende Vorgehensweise – soweit die Nutzung sozialer Medien hier erfolgreich erprobt wurde, kann über eine Ausdehnung auf weitere Bereiche nachgedacht werden (Schulz 2012, S. 149).

Weitere Aspekte im Rahmen des fachlichen Diskurses sind:

- die Begrenzung der eingesetzten Anwendungen angesichts der zum Teil rechtlich bedenklichen Funktionen, aber auch der Schwierigkeiten, mehrere Accounts zu pflegen,
- eine Zuweisung der Kompetenz, z. B. ausgehend vom Themenfeld, einer Hierarchiestufe oder in Abhängigkeit einer speziellen Fortbildung,
- die Zulässigkeit der Nutzung privater Accounts und
- die Abgrenzung zwischen allgemeiner Unternehmenskommunikation, die der Presse- und Öffentlichkeitsarbeit bzw. der Behördenleitung vorbehalten bleibt, und dem fachlichen Diskurs.

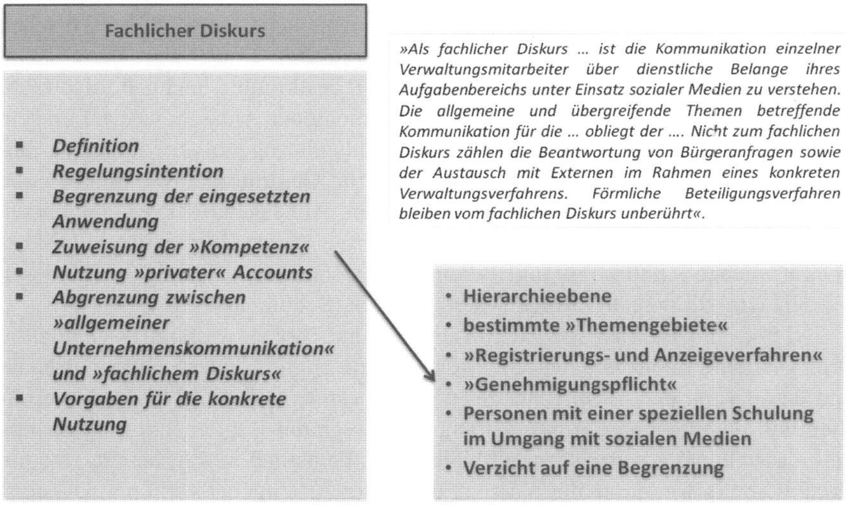

Fachlicher Diskurs

- *Definition*
- *Regelungsintention*
- *Begrenzung der eingesetzten Anwendung*
- *Zuweisung der »Kompetenz«*
- *Nutzung »privater« Accounts*
- *Abgrenzung zwischen »allgemeiner Unternehmenskommunikation« und »fachlichem Diskurs«*
- *Vorgaben für die konkrete Nutzung*

»Als fachlicher Diskurs ... ist die Kommunikation einzelner Verwaltungsmitarbeiter über dienstliche Belange ihres Aufgabenbereichs unter Einsatz sozialer Medien zu verstehen. Die allgemeine und übergreifende Themen betreffende Kommunikation für die ... obliegt der .... Nicht zum fachlichen Diskurs zählen die Beantwortung von Bürgeranfragen sowie der Austausch mit Externen im Rahmen eines konkreten Verwaltungsverfahrens. Förmliche Beteiligungsverfahren bleiben vom fachlichen Diskurs unberührt«.

- Hierarchieebene
- bestimmte »Themengebiete«
- »Registrierungs- und Anzeigeverfahren«
- »Genehmigungspflicht«
- Personen mit einer speziellen Schulung im Umgang mit sozialen Medien
- Verzicht auf eine Begrenzung

Abbildung 13: Fachlicher Diskurs

Social-Media-Einsatzgebiete

4.4.3 Bürgerinformation und -anfragen

Die Vorgaben einer Social-Media-Guideline, die den Umgang mit Bürgeranfragen und deren Beantwortung betreffen, können zum Teil auf bestehenden Reglungen aufbauen. In den meisten Verwaltungen existieren Vorgaben, die eine Weiterleitung an die entsprechend zuständige Stelle vorsehen – sei es in Form expliziter Handlungsanweisungen oder als geübte Verwaltungspraxis. Insofern können diese entweder in Bezug genommen werden, oder es wird explizit eine solche Regelung normiert. Der Gegenstand solcher Anfragen kann dabei durchaus variieren:

- Denkbar sind allgemeine Anfragen (z. B. zu Öffnungszeiten, Rechtsgrundlagen, Zuständigkeiten o. Ä.), die entweder – soweit existent – an eine speziell geschaffene Stelle, die in den sozialen Medien derartige Anfragen beantworten soll, ansonsten an eine vergleichbare Einrichtung (Bürgertelefon 115, Bürgerbüro o. Ä.) weitergeleitet werden müssen.
- Anfragen der Bürger können darüber hinaus aber auch einen Bezug zu einem konkreten Verwaltungsverfahren aufweisen. In diesem Fall muss eine Weiterleitung an die fachlich zuständige Stelle initiiert werden.
- Und schließlich sind auch Anfragen im Sinne des fachlichen Diskurses denkbar, die auch in der analogen Welt nicht zwingend durch die Behördenleitung oder Presse- und Öffentlichkeitsarbeit, sondern im Rahmen der fachlichen Zuständigkeit auf Arbeitsebene beantwortet werden.

In allen Fällen sollte der Bürger von der Stelle, an die er seine Anfrage (fälschlicherweise) gerichtet hat, über die Weiterleitung und das Prozedere informiert werden. Zudem sollte die Rückantwort (der fachlich zuständigen Stelle) über das Eingangsmedium erfolgen, soweit dieses auch für derartige Anfragen durch die zuständige Stelle bedient wird und die Anfrage (z. B. aufgrund der personenbezogenen Daten bei Anfragen zu einem laufenden Verwaltungsverfahren) nicht entgegensteht.

4.4.4 Interne Kollaboration

Auch der Einsatz von Social-Media-Anwendungen zur internen Kommunikation kann Gegenstand einer Social-Media-Guideline sein, wobei (hinsichtlich der Frage, wie viele und welche Regeln konkret notwendig sind) zwischen der Nutzung externer Dienste und interner Anwendungen zu differenzieren sein wird (Schulz 2012, S. 158). Intern erscheinen perspektivisch soziale Netzwerke denkbar, die exklusiv für Mitarbeiter der öffentlichen Verwaltung zugänglich sind und dem fachlichen Austausch gerade über Ebenengrenzen hinweg dienen (Hoffmann 2012). Für diese Nutzung wird ein weitgehender Verweis auf bestehende Regelungsregime, vorrangig zur Verschwiegenheit und zum Umgang mit personenbezogenen Daten ausreichen. Soweit solche Systeme als zusätzlicher Service für die Mitarbeiter private Funktionen abbilden, sollte auf diesen Charakter hingewiesen werden.

Problematischer ist hingegen der Einsatz externer Systeme. Auch hier finden sich in der Verwaltungspraxis im unreglementierten Bereich bereits Anwendungsfälle: Terminabsprachen über „doodle", fachlicher Diskurs auf Xing zwischen Behördenmitarbeitern, aber selbst die gemeinsame Bearbeitung von Dokumenten mit kollaborativen Werkzeugen wie Google Docs ist anzutreffen. Insofern erscheint eine Freigabe bestimmter Anwendungen bzw. die Begrenzung auf bestimmte Zwecke angezeigt – die gemeinsame Bearbeitung von Vorgängen mit Personenbezug über Google Docs dürfte ebenso ausgeschlossen sein wie die Erstellung von abgestimmten verwaltungsinternen Vorlagen (z. B. für Bund-Länder-Arbeitskreise o. Ä.).

4.5 Social-Media-Taktiken

Im Folgenden gehen wir auf konkrete Social-Media-Taktiken ein, die in der öffentlichen Verwaltung als strategisch geplante Aktivitäten eingesetzt werden können, um unterschiedliche Online-Ziele umzusetzen.

Social-Media-Taktiken hängen sehr stark von den zuvor genannten Phasen, der Komplexität der Plattformen, den zu verbreitenden Inhalten, den Bürgererwartungen, aber auch der konkreten Mission ab. In frühen Phasen der Anwendung ist zu erkennen, dass Social Media nur als zusätzlicher Repräsentationskanal genutzt wird und je weiter sich die Erfahrungen vertiefen und die Anwendungsgebiete ausbreiten, umso ausgereiftere Taktiken angewendet werden. Insgesamt können vier verschiedene Taktiken unterschieden werden, die nachfolgend im Detail vorgestellt werden: (1) Repräsentation, (2) Pull, (3) Networking und (4) Transaktionen.

Social-Media-Taktiken haben sich in den U.S.-Bundesbehörden vor allem als Konsequenz aus anfänglich fehlenden Regulierungen und dem Wunsch nach Orientierung ergeben. Die bestehenden Gesetze beziehen sich vor allem auf offiziell gehostete Webseiten und E-Mail-Verkehr, aber nicht auf Social-Media-Plattformen, die von Dritten außerhalb des offiziellen Kontextes bereitgestellt werden. Die Entwicklung dieser Taktiken spiegelt somit das vorsichtige Herantasten an die neuen Medien genauso wider wie auch die Nutzungsnotwendigkeiten der U.S.-Behörden.

Orientierungshilfen haben diejenigen, die sich als erstes an die Anwendung von Social-Media-Applikationen für ihre Behörde gewagt haben, vor allem von den sehr ausgefeilten Taktiken des Weißen Hauses oder auch von innovativen Unternehmen erhalten. Viele Social-Media-Direktoren haben in Gesprächen angegeben, dass sie vor allem auch Best Practices von anderen Regierungsbehörden aufnehmen, da es innerhalb der öffentlichen Verwaltung keinen Wettbewerb oder Schwierigkeiten hinsichtlich Urheberrechten gibt. Alle arbeiten außerdem auf das gleiche Ziel hin: den bestmöglichen Service für die Bürger bereitzustellen.

Nichtsdestotrotz sind drastische Unterschiede in den täglichen Anwendungsprinzipien zu erkennen und nicht alle Behördenvertreter nutzen Social-Media-Applikationen gleichförmig. Aus den Gesprächen mit Social-Media-Direktoren konnten die folgenden vier Taktiken abgeleitet werden:

4.5.1 Repräsentation und Broadcasting

Die Repräsentations-Taktik bezieht sich auf ein Online-Verhalten, bei dem Behördenvertreter auf Social-Media-Plattformen Inhalte replizieren, die sich auch auf der offiziellen Website befinden und welche im Pressemitteilungsstil parallel auch auf Twitter oder Facebook kopiert werden. Diese Taktik ist besonders bei Organisationen zu beobachten, die entweder sehr vorsichtige erste Schritte machen oder sich noch in den frühen Phasen der Nutzung von Social-Media-Applikationen befinden.

Die Repräsentationstaktik ist auch dann sinnvoll, wenn sich die Gruppen, zu denen man ansonsten keinen Zugang hat, vor allem auf Social-Media-Plattformen bewegen, anstatt aktiv eine Regierungswebsite anzusteuern oder den aktiven Austausch mit Behördenvertretern über die traditionellen Kanäle zu suchen.

Vor allem regulierende Behörden sollten diese Taktik anwenden, da sie Interpretationen von Gesetzen nicht mit Bürgern diskutieren können und sich vor allem auf festgelegte Fakten stützen müssen. Der folgende Screenshot eines Tweets der Internet-Enquete dient als Beispiel für eine Repräsentation-Taktik und zeigt wie Twitter zur Informationsverbreitung eingesetzt wird:

Internet-Enquete @InternetEnquete   10 Dec
„Anonym und kompetent -Der perfekte Netzbürger": Beitrag zur #eidg - #Blogparade csu.de/csunet/baer_bl... Dank an @DoroBaer!
Retweeted by Dorothee Bär
Expand

Abbildung 14:   Podcast „Lauer informiert"[28]

4.5.2   *Pull-Taktik: Engagement*

Die zweite Strategie bezieht sich auf ein entgegengesetztes Vorgehen: Anstatt Social-Media-Plattformen nur als zusätzlichen Informationskanal einzusetzen, werden sie dafür benutzt, Bürger aktiv zur Mitarbeit aufzufordern.

    Onlinekampagnen dienen dazu, von Bürgern erstellte Fotos oder Videos anzufordern und mit bestehenden Inhalten zu verbinden, z. B. auf dem behördeneigenen Blog zu veröffentlichen. Der folgende Blogeintrag des Bürgermeisters von Wennigsen Christoph Meineke ist ein gutes Beispiel für aktive Bürgerbeteiligung. Meineke rief in 2011 die Bürger dazu auf, bis zu einem bestimmten Termin Bilder ihrer Gemeinde für einen Wikipedia-Wettbewerb einzureichen. Damit stellte der Bürgermeister nicht nur Informationen in einem statischen Format auf der eigenen Webseite zur Verfügung, sondern forderte Bürger auf, aktiv zu werden und online in einen beidseitigen Informationsaustausch zu treten:

---

28   Siehe Originaltweet https://twitter.com/InternetEnquete/status/278130561208422400 (abgerufen am 12.12.2012).

Abbildung 15: Christoph Meinekes Bürgermeisterblog der Gemeinde Wennigsen ruft zum Mitmachen auf[29]

4.5.3 Networking

Die dritte Taktik hat sich vor allem aus den Ereignissen des sog. arabischen Frühlings ergeben: Bürger in Tunesien und Ägypten hatten sich bereits monatelang auf Twitter und Facebook organisiert, ohne dass die Behördenvertreter darauf aufmerksam geworden sind.

---

[29] Siehe Christoph Meinekes Bürgermeisterblog der Gemeinde Wennigsen vom 9.9.2011: http://www.buergermeisterblog.de/2011/09/fotowettbewerb-am-sonntag-karten-zum.html (abgerufen am 12.12.2012).

Regierungsvertreter sind aufgrund dieser Beispiele zu dem Schluss gekommen, dass Bürger die offiziellen und formalen Statements der U.S.-Bundesbehörden nicht notwendigerweise als das einzige Informationsmedium in diesem Bereich nutzen. Es werden viele Themen auf Blogs, Twitter oder in Facebook-Gruppen diskutiert – oftmals ohne die direkte Beteiligung jener Behörden, die sich mit diesen Themen beschäftigen und bei denen die Informationshoheit liegen sollte.

Die Taktik, bestimmte Kommentare zu absorbieren, zu wissen welche Hashtags (ein Filtersystem auf Twitter) sich zu welchen Twitter-Diskussionen entwickelt haben, zuzuhören, in welche Richtung sich die laufenden Themen entwickeln, und wenn notwendig Fakten beizusteuern, erweist sich für viele U.S.-Behörden als hilfreich. Diese Networking-Taktik kann in weiterer Folge auch dazu beitragen, Teil des bestehenden Netzwerkes zu werden, und als externer Partner für sog. Factchecking-Missionen bereitzustehen, d. h. dass Gerüchte, die auf Social-Media-Kanälen verbreitet werden, durch die Bereitstellung von Fakten verflüchtigt werden.

4.5.4 Transaktionen und Dienstleistungen

Die vierte und am seltensten angewendete Taktik bezieht sich auf die Nutzung von Social-Media-Plattformen für Onlinetransaktionen – vergleichbar mit E-Government-Anwendungen. Zurzeit sind nur sehr wenige Beispiele dafür zu finden und der öffentliche Charakter der Anwendungen verhindert eine weite Verbreitung. Nichtsdestotrotz werden Social-Media-Applikationen dafür genutzt, um sog. Customer-Service-Aktivitäten zu erfüllen, wie z. B. individuelle Fragen von Bürgern zu beantworten, bei Wissensanfragen von Schülern und Lehrern Dokumente bereitzustellen oder auch konkretes Feedback zu vermitteln.

Schlussendlich ist die Wahl einer Social-Media-Taktik nicht auf eine bestimmte Form festgelegt. Viele Behörden werden über die Zeit eine Kombination verschiedener Taktiken anwenden und je nach Bedarf und ihrer eigenen Mission sich mehr und mehr auf soziale Interaktionen mit ihren Zielgruppen einlassen.

4.5.5 Social-Media-Kampagnen

Social-Media-Kampagnen unterscheiden sich von der regulären Nutzung sozialer Medien in der öffentlichen Verwaltung. Generell sollte die öffentliche Verwaltung ihre Kommunikationsstrategie so auslegen, dass sie gleichbleibende und vertrauenswürdige Informationen bereitstellt. Kampagnen dagegen haben andere Ziele:

Sie sind auf einen bestimmten Zeitrahmen ausgelegt und haben dadurch einen klaren Anfangs- und Endzeitpunkt. Sie sind auf ein bestimmtes Ziel ausgelegt, z. B. auf eine Verhaltensänderung der Bürger (ein Beispiel ist die Let's Move-Kampagne des Weißen Hauses, um Schüler und Eltern zu mehr Bewegung im Alltag zu motivieren), oder darauf, einen politischen Kandidaten zu wählen. Des Weiteren sind sie auf bestimmte Zielgruppen ausgelegt und nicht unbedingt für alle Bürger von Interesse oder Relevanz. Social-Media-Kampagnen eigenen sich sehr gut für die Mobilisierung der Öffentlichkeit (z. B. beim Abstimmungsverfahren zu Stuttgart 21 zu beobachten), publikumswirksam Informationen zu teilen und so das Bewusstsein für Missstände zu erhöhen.

Die Zeitbegrenzung, engbegrenzte Zielsetzung und limitierte Zielgruppen stehen damit im Unterschied zu dem generell sehr breit angelegten Kommunikationsparadigma im öffentlichen Sektor (Mergel 2012b). Die tagtägliche Kommunikationsnotwendigkeit muss in der öffentlichen Verwaltung auf einem gleichbleibenden Niveau gesichert werden. Höhen und Tiefen im Grad der Aufmerksamkeit der Bürger, so wie sie eine Social-Media-Kampagne provoziert, sind in der regelmäßigen Kommunikation normalerweise unerwünscht. Der Grund ist simpel: Sobald zu viel Aufmerksamkeit auf eine Behörde von der Öffentlichkeit oder den Medien gerichtet wird, ist normalerweise mit einem Missstand zu rechnen. Etwas ist schiefgelaufen und Journalisten berichten über die Missstände. In der öffentlichen Verwaltung sollte das Kommunikationsparadigma darauf ausgerichtet sein, Vertrauen zu schaffen, über die Zeit langsam eine Online-Gemeinschaft zu bilden, die sich für die Themen der Behörde interessiert, bereit ist, über Social Media darüber kontinuierlich informiert zu werden und mit der Verwaltung in einen Austausch zu treten.

Im Gegensatz dazu sind Social-Media-Kampagnen darauf ausgelegt, in kurzer Zeit sehr viel Öffentlichkeit zu schaffen und die Aufmerksamkeit auf ein bestimmtes Thema oder Projekt zu richten. Viele Erkenntnisse für die Durchführung erfolgreicher Social-Media-Kampagnen bietet die Nutzung von Internettechnologien im Wahlkampf, z. B. in den Vereinigten Staaten. Diese Erfolgsfaktoren werden mittlerweile weltweit umgesetzt. Im Folgenden geben wir daher einen kurzen Überblick über die wichtigsten Eckpunkte der Social-Media-Kampagnen im US-Wahlkampf.

> *Fallbeispiel: Social-Media-Kampagnen im US-Wahlkampf:* Der Erfolg der Social-Media-Wahlkampfstrategie von Präsident Obama im Jahr 2008 ist auf verschiedene Faktoren zurückzuführen. Die traditionellen Wahlkampfmechanismen, wie Reden, Galadinners, Tür-zu-Tür-Wahlkampf, persönliche Ansprachen usw. wurden durch eine wohlkalkulierte Internetstrategie ergänzt. Das Internet oder der Einsatz von sozialen Medien allein haben den Kandidaten nicht die Wahl beschert, aber: *„If not for the Internet, Barack Obama would not be President or even the democratic nominee,"* schrieb Arianna Huffington auf der liberalen Huffington Post Webseite (http://www.internetnews.com/webcontent/print.php/3783741).

Die erfolgreiche Internetstrategie im Vergleich zu seinem Widersacher hat dazu geführt, dass das Obama-Team mehr neue Wähler aktivieren konnte als jemals zuvor. Die 2008er Wahl hatte die höchste Wahlbeteiligung junger Neuwähler und Anzahl der freiwilligen Wahlkampfhelfer seit 1908. Besonders die Wähler, die den Kandidaten auf sozialen Medien wie Facebook und Twitter angefreundet haben, fühlten sich ihm besonders nahe: *„I have been an Obama friend since his speech at the 2004 Democratic Convention. In social media, he actually virtually ‚pokes' me and sends memos and stuff. I don't know if it is really him, but it makes you feel more in touch with the process. His team is smart in utilizing social networks to reach people like me so that I feel connected personally."* (Socionomics 2009, S. 64). Soziale Medien halfen dem Wahlkampfteam, offene bidirektionale Konversationen mit potenziellen Wählern anzustoßen, die sowohl zeitnah als auch kosteneffektiv durchgeführt werden konnte.

4.5.6 Social-Media-Innovationen im U.S.-Wahlkampf 2012

2012 konnte Präsident Obama auf seinem Interneterfolg aufbauen. Dieses Mal gewann er die Wahl mit einem Online-Wahlkampfteam, das sehr gezielt öffentliche Daten dazu nutzte, bestimmte Wählergruppen zu aktivieren und zu den Wahlurnen zu bringen.

Die Nutzung von sog. Voter Records, der Anmeldung zur Wahl, ist in Europa nicht in vergleichbarem Ausmaß erlaubt. Wir fokussieren uns deshalb im Folgenden auf das Online-Verhalten der Kandidaten und ihrer Social-Media-Strategie.

Besonders bemerkenswert ist, dass Präsident Obama es geschafft hat, kontinuierlich eine *begeisterte Online-Gemeinschaft* zu schaffen, die sein Social-Media-Team über einen langen Zeitraum gehegt und gepflegt hat. Die informativen und teilweise verspielten Online-Aktivitäten haben die Follower immer wieder in

Entscheidungsfindungsprozesse mit einbezogen. Es wurden Fragen gestellt und aktiv die Einbeziehung der Bürger vom Wahlkampfteam gefordert und Social-Media-Plattformen wurden nicht so wie von anderen Politikern nur als parallele Informationsquellen genutzt (Mergel 2012a).

Wie hat das Online-Wahlkampfteam diese Social-Media-Gemeinschaft gebildet? Diese Frage lässt sich vor allem im Vergleich zu dem Gegenkandidaten beantworten. So hat z. B. Obamas Team täglich viermal so oft die Inhalte auf allen Onlinekanälen gepostet. Dadurch entstand ein sog. *social awareness stream* – das heißt, Informationen über den Kandidaten, seine Standpunkte und Aufrufe zur Mitarbeit und zur Wahl wurden täglich mehrfach und dadurch kontinuierlich dort platziert, wo Bürger alle ihre anderen Nachrichten erhalten – in ihren Social Media Newsfeeds. In Zahlen ausgedrückt: Romneys Team setzte durchschnittlich einen Tweet pro Tag ab, Obamas Team ungefähr 29.[30]

Darüber hinaus hat sich Präsident Obamas Social-Media-Strategie von Mitt Romneys Strategie in der Art und Weise der Online-Interaktionen unterschieden. Z. B. hat jeder Tweet vom Gegenkandidaten mit dem Twitter-Handle @barack-obama begonnen. Ein klarer Indikator, dass es Romneys Team nur um Angriff, persönliche Attacken und das sog. Blame Game ging. Obamas Team dagegen hat verstanden, dass die Bürger online keine Schlammschlacht sehen wollen, sondern von ihrem Kandidaten lernen wollten, wo er politisch steht, und vor allem in direkten Kontakt mit ihm treten wollten. Schlussendlich hat Obamas Onlineteam dadurch die menschlichen Interaktionen und das direkte Engagement mit den Bürgern. in der Vordergrund gestellt.

Romneys Wahlkampf-Team nutzte nur etwa halb so viele unterschiedliche Social-Media-Plattformen und hat nur auf die Mainstreamplattformen, wie Facebook, Twitter, YouTube und Instagram gesetzt, sich jedoch nicht mit neueren Interaktionsplattformen, wie z. B. der Social-Bookmarking-Plattform Pinterest auseinandergesetzt.

Die Trends der Nutzung von Social Media im US-Wahlkampf sind auch bei hochrangigen Regierungsvertretern in der US-Verwaltung zu sehen:

---

30   http://goo.gl/UiF9d

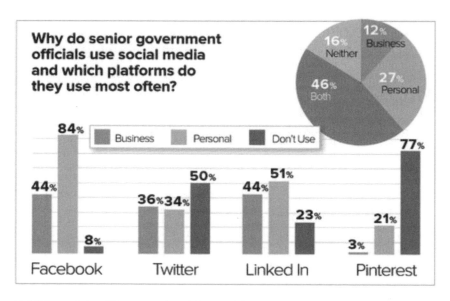

Abbildung 16: Warum und welche Social Media Plattformen nutzen hochrangige Regierungsvertreter (Quelle: Government Tecnology Magazine: http://goo.gl/7syqe)

4.6 Social-Media-Strategie-Messung

Einer der wichtigsten Bestandteile einer Social-Media-Strategie ist es, die eigentlichen Online-Aktivitäten und -Interaktionen auf den Social-Media-Plattformen zu messen, um festzustellen, ob die Bemühungen zu etwas führen. Alle Social-Media-Aktivitäten sollten aus unserer Sicht die eigentlichen Kernaufgaben der öffentlichen Verwaltung unterstützen und nicht nur eingesetzt werden, weil es derzeit ein hipper Trend ist. Gleichzeitig ist es notwendig, darzustellen, wie die Zeit der Mitarbeiter und Ressourcen sinnvoll genutzt werden kann, um die Verwendung von Steuergeldern zu rechtfertigen.

Mit der Ausgangsfrage, wie die Social-Media-Aktivitäten die Kernaufgaben der öffentlichen Verwaltung unterstützen können, kommen wir zurück auf den bereits vorgestellten Open-Government-Bezugsrahmen. Die Elemente der Open-

Government-Aktivitäten stellen die Einbeziehung der Bürger auf unterschiedlichen Stufen oder Intensitäten der Beteiligung dar:

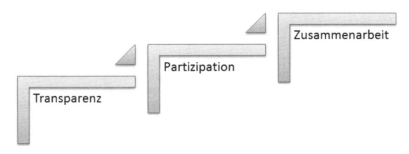

Abbildung 17: Interaktionselemente

Im Folgenden gehen wir auf jede der oben genannten Phasen im Zusammenhang mit Beteiligungen und Interaktionen auf Social-Media-Plattformen ein.

Transparenz

Die Hauptzielsetzung zur Umsetzung von Transparenz in der öffentlichen Verwaltung ist vor allem darauf ausgerichtet, Informationen an die richtigen Zielgruppen zu verteilen. Die Social-Media-Taktik ist vor allem auf einseitige Bereitstellung von Informationen ausgerichtet und die Tools werden dafür genutzt, die Informationen auch über die Social-Media-Kanäle zu verbreiten. Indikatoren dafür, dass die Informationen die richtigen Zielgruppen erreichen, sind daher vor allem auf deskriptive Maßzahlen reduziert. So ist die Anzahl der Follower, Likes und Freunde vor allem ein Zeichen dafür, dass Bürger die Informationen als wichtig genug empfinden, dass sie automatisch Updates über alle neu geposteten Inhalte erhalten möchten. Gleiches gilt für die Anzahl der wiederkehrenden Besucher einer Website oder den Abonnenten eines Weblogs.

Partizipation

Bürgerbeteiligung oder die aktive Teilnahme und Auseinandersetzung der Stakeholder mit den Inhalten ist ein Indikator für ein höheres Maß an Engagement und Interesse an der Kernaufgabe der öffentlichen Verwaltung. Inhalte werden nicht nur passiv von den Bürger absorbiert, sondern sie werden auch aktiv dazu aufgefordert, ihre eigenen Inhalte beizutragen, indem sie z. B. ihre Meinung in den Kommentaren hinterlassen, die Inhalte in ihrem eigenen Freundschaftsnetzwerk weiterverteilen oder Bewertungen von Videos und anderen Arten von Online-Inhalten hinterlassen.

Zusammenarbeit

Die höchste Form der Online-Interaktion stellt die aktive Zusammenarbeit der öffentlichen Verwaltung mit den Bürgern, Journalisten, Verbänden oder auch anderen Behörden dar. Hier kommt es tatsächlich darauf an zu erkennen, dass die öffentliche Verwaltung nicht die Hoheit über alle kreativen Informationen hat und Innovationen sowie Lösungsansätze gemeinsam mit den Stakeholdern unter Zuhilfenahme von Social Media erarbeitet werden. Das Interesse der Bürger ist vor allem daran zu erkennen, dass sie selber sehr aktiv werden, indem sie z. B. von sich aus Anfragen zur Mitgliedschaft in einem Diskussionsforum stellen, sich über direkte Nachrichten mit der Verwaltung in Kontakt setzen, Inhalte der Verwaltung weiterverwenden, indem sie z. B. YouTube-Videos in ihre eigenen Blogupdates integrieren. Darüber hinaus sind die erfolgreichsten Online-Interaktionen dadurch gekennzeichnet, dass sie zu Offline-Aktionen führen, also z. B. dazu, dass Bürger an einer Wahl teilnehmen, sich aktiv an Spielplatzsäuberungen beteiligen oder andere Bürger animieren, teilzunehmen.

Die folgende Tabelle fasst die Zielsetzungen in Bezug auf die Social-Media-Taktiken und Erfolgsindikatoren zusammen:

Social-Media-Strategie-Messung 113

Tabelle 4: Erfolgsindikatoren für Social-Media-Einsatz

Ziel	Taktiken	Indikatoren
Informationsverbreitung	Einseitige Bereitstellung „Push"	Anzahl der Follower, Likes, Freunde FB Likes Twitter Followers Besucher und Subscriber eines Blogs Zeit, die auf der Website verbracht wird > 30 Sekunden Views auf YouTube & Flickr Click-throughs
Engagement	Beidseitige Interaktionen „Pull"	Click-through von Social-Media-Seiten „Reach": Demographische Daten der Follower (Geschlecht, Standort, Städte) Bookmarking & digging der Inhalte Twitter retweets, hashtags Bewertungen werden geposted Verbringen von mehr als einer Minute auf der Seite Erhaltene Kommentare auf Blogs & Facebook Bewertung der Videos auf YouTube Anzahl der Links & Trackbacks Häufigkeit der „check-ins" auf Foursquare
Organisationsüberschreitende Interaktionen Interaktive beidseitige Kommunikation	Networking	Anfrage zur Mitgliedschaft in LinkedIn-Gruppen Abonnement von Blogeinträgen, YouTube-Kanälen Facebook „shares" Twitter Direkte Nachrichten Eigene Inhalte erstellen Downloads von Videos, Dokumenten Konversationen Resultierende Offline-Interaktionen

5 Implementierung der Social-Media-Strategie

Auf Basis der grundsätzlichen Entscheidung über den Einsatz von Social Media kommen wir zur Umsetzung der Strategie. Diese wird im Regelfall von den fachlich zuständigen Abteilungen umgesetzt. Die PR- und Medienverantwortlichen-Abteilung sollte in einer beratenden Rolle zur Seite stehen.

Die folgenden Ausführungen können als Leitfaden zur Operationalisierung einer Social-Media-Strategie für Behörden und Organisationen genutzt werden bzw. bilden eine Grundlage zur Ausgestaltung organisationsspezifischer Leitfäden. Dieses Kapitel ist wie folgt aufgebaut:

1. Implementierungsleitfaden/Planungsleitfaden
2. Kommunikationsleitfaden für Social-Media-Verantwortliche
3. Produktionsleitfaden
4. Redaktionsleitfaden für Facebook und Twitter

Die folgenden Ausführungen stellen grobe Leitlinien dar, die Ihnen dabei helfen können, für ihre Organisation sinnvolle konkrete Maßnahmen zu definieren. Das Social-Media-Umfeld ist hoch dynamisch. Wir haben uns Mühe gegeben, einen generellen Zugang zu finden, der also auch länger gültig sein sollte.

5.1 Planungsleitfaden

Der folgende Überblick zur Implementierung von Social Media in Ihrer Organisation basiert auf dem Studium von zahlreichen Leitfäden aus der Wirtschaft und den Ergebnissen aus Workshops mit Verantwortlichen aus der Verwaltung. Folgende Fragen sollten bei beinahe jedem Social-Media-Projekt beantwortet werden:

1. Ziel/Zweck: Zu welchem Zweck führe ich das Projekt durch bzw. welches Ziel wird damit verfolgt?
2. Zielgruppe: An welche Zielgruppe richtet sich das Projekt?
3. Inhalt: Welche Inhalte sollen wie transportiert werden?
4. Ort: Auf welcher Plattform sollen welche Services angeboten werden?
5. Zeit: Wie lange, wie oft und wie schnell soll das Projekt umgesetzt werden?
6. Ressource: Wer übernimmt die Betreuung?
7. Prozess der Erarbeitung: Welche Stellen sollen daran beteiligt werden?
8. Evaluation: Wurden die gesteckten Ziele erreicht?

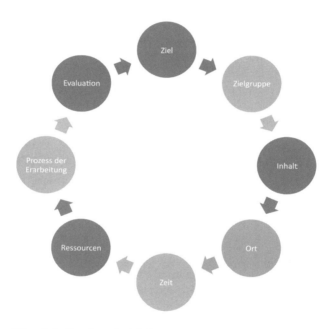

Abbildung 18: Inhalte eines Leitfadens

Durch die Beantwortung der sieben Fragen sollen Entscheidungsträger in der Projektplanung von Anfang an unterstützt werden. Besonders in der Startphase ist eine Abstimmung mit PR- und Medienverantwortlichen empfehlenswert.

Diese acht Schritte bieten eine erste grobe Orientierung, die Sie zuerst intern klären können. Damit verbunden sind zahlreiche weitere Fragestellungen, die im folgenden Abschnitt detaillierter angesprochen werden.

Planungsleitfaden

5.1.1 *Ziel und Zweck der Nutzung von Social Media*

Dies ist die zentrale Frage eines jeden Vorhabens, weil Social-Media-Services nie Selbstzweck sein dürfen. Mit dem Start eines jeden Social-Media-Projektes ist die Frage nach dem Ziel und Zweck für die Organisation verbunden – im Idealfall ist diese Zieldefinition auch mit der Organisationsstrategie verbunden.

Soziale Medien werden oft als die neueste Welle im E-Government-Bereich definiert. Die Einführung in der öffentlichen Verwaltung führt dazu, dass Webseiten und Online-Interaktionen interaktiver und partizipativer gestaltet werden können. Allerdings reicht es nicht aus, nur „sozialer" erscheinen zu wollen und die einmal eingerichteten Social-Media-Nutzerkonten dann nicht mit wichtigen Informationen zu bestücken, die die Bürger dazu motivieren, die Inhalte zu abonnieren und automatisch über aktuelle Neuigkeiten informiert zu werden. Die Initiative muss von der öffentlichen Verwaltung bzw. der fachlich zuständigen Abteilung selber ausgehen, nur dann können interaktive Prozesse auch dazu führen, dass Bürger Inhalte mitgestalten, auf Nachrichten reagieren, bereit sind, ihre eigenen Inhalte beizutragen, als Multiplikatoren zu fungieren und Inhalte an ihre eigenen sozialen Netzwerke weiterzuleiten.

Hauptgrund für die Nutzung von sozialen Medien ist die Unterstützung der Kernaufgaben der öffentlichen Verwaltung.

Die Frage, die alle Social-Media-Implementierungen antreiben sollte, ist, wie die Nutzung von sozialen Medien die Kernaufgabe und das offizielle Mandat der Behörde unterstützen kann. Gibt es z. B. Aufgabenbereiche, die eine Verwaltungsbehörde durch die ihr bereits zur Verfügung stehenden Kommunikationsmedien nur unzureichend erfüllen kann? Sind die Bürger über die bisher verwendeten Kommunikationskanäle überhaupt noch gut erreichbar? Dies sollten die ersten Fragestellungen sein, die einen Hinweis darauf geben können, warum soziale Medien eine angemessene Alternative und Ergänzung zu der bisherigen relativ statischen Kommunikationsstrategie darstellen können. Die zentrale Überlegung ist dabei, wie die organisationalen Ziele mit Hilfe von sozialen Netzwerken umgesetzt werden können. Oftmals haben nicht alle öffentlichen Verwaltungen ein Mandat, das über eine informierende Funktion hinausgeht und müssen nicht für direkte Interaktionen mit den Bürger zur Verfügung stehen. Die Kernaufgabe der öffentlichen Verwaltung sollte daher der Hauptantriebsmotor für alle Kommunikationsaufgaben sein.

Eng mit der Zieldefinition verknüpft ist die Frage nach der Art und Weise, wie und mit welchen Kommunikations- und Kooperationsvarianten dieses Ziel strategisch erreicht werden soll – z. B. durch Erhöhung der Transparenz, Online-Zusammenarbeit oder die aktive Einbindung von Bürgern, aber auch durch eine

Erhöhung der Serviceleistung oder der Konzentration auf stärkeres Networking. Darüber hinaus sind die folgenden Aspekte zu klären.

5.1.2 Zielgruppe(n)

Mit dem Ziel des Projekts eng verknüpft ist die Frage nach der Zielgruppe bzw. den Zielgruppen. Das ist insbesondere für die Wahl der Themen und der Plattform von zentraler Bedeutung. Eine der wichtigsten Entscheidungen, die das Projekt strategisch beeinflusst, ist die Definition der potenziellen *Zielgruppen*. Da viele öffentliche Verwaltungen davon absehen, die Besucher ihrer Webseiten im Detail zu analysieren, werden viele auch davon absehen, weitere Onlineaktivitäten zu untersuchen. Social-Media-Plattformen sind jedoch

Zuhörer- und Leserschaft definieren und zielgerichtet ansprechen.

genau für diesen Zweck besonders attraktiv. Sie machen es den Nutzern einfach, zu überblicken, wer z. B. die eigene Facebook-Seite besucht, wer Kommentare hinterlässt, wer auf Twitter Informationen an sein eigenes Netzwerk weiterleitet oder wie die Popularität bestimmter Statusupdates eingeschätzt wird. Für jede öffentliche Verwaltung ist es daher wichtig, sich bereits sehr früh zu überlegen, wer die anzusprechenden Zielgruppen sind, die mit den Social-Media-Aktivitäten erreicht werden sollen. Eine präzise Zielgruppendefinition ist Grundvoraussetzung für die Wahl der am besten geeigneten Plattform, da Bürger in ihren unterschiedlichen Rollen unterschiedlichste Plattformen nutzen und dort anzutreffen sind.

In diesem Zusammenhang ist auch wichtig, zu überlegen, wie Inhalte, die speziell für Social-Media-Plattformen erstellt wurden, auch den Bürgern zugänglich gemacht werden können, die keinen *Zugang* zu Social Media haben und wahrscheinlich auch niemals haben werden. Wir sprechen deshalb

Nicht alle Bürger nutzen Social Media. Deshalb: Alternative Zugänge zu Social-Media-Informationen schaffen.

oftmals davon, dass Social Media als parallele Informationskanäle angesehen werden sollten und nicht als zusätzliche oder ausschließliche Kommunikationsmittel.

5.1.3 Inhalt

Aus Ziel und Zielgruppe lassen sich Themen und Inhalte ableiten und analysieren, inwieweit auf bestehende Inhalte zurückgegriffen werden kann oder diese neu entwickelt werden bzw. für die jeweilige Plattform anders aufbereitet werden müssen. Die Beantwortung dieser Frage ist insbesondere für die Ressourcenabschätzung wichtig. Damit verknüpft ist auch die zentrale Frage, welche Inhalte (Daten, Informationen, Bilder, Videos u. v. m.) man als Organisation mit den Nutzern teilen und diesen zur weiteren Benutzung zur Verfügung stellen kann.

Die Inhalte, die digital verwertet werden können, müssen also nicht notwendigerweise explizit nur für die Verbreitung auf Social-Media-Plattformen designt werden. Im Gegenteil: Viele Inhalte können sozusagen recycelt werden und sowohl für die Webseite als auch für andere Publikationen genutzt werden. Z. B. können Blogposts auf den Inhalten einer Pressemitteilung basieren, die auf der Webseite als PDF-Datei verlinkt ist. Der Blogpost kann dann wiederum über soziale Netzwerke verbreitet werden. Andere Inhalte können dagegen nur über soziale Netzwerke verteilt, Bürger nur über soziale Netzwerke erreicht und zur Teilnahme motiviert werden. Dazu gehören z. B. Aufrufe oder Wettbewerbe, bei denen Bürger ihre Videos oder Fotos einreichen oder öffentlich kommentieren. Für diese neuartigen Formen der Online-Interaktionen eignen sich soziale Netzwerke wesentlich besser als statische Webseiten.

Inhalte, die besonders stabil sind und über längere Zeiträume nicht verändert werden müssen, eignen sich sehr gut für die Behördenwebseite. Handelt es sich um abgeschlossene Inhalte, die nicht mehr verändert werden, z. B. Studien, Filme oder Bilder der Behörde, dann können diese auf Content-Plattformen wie Flickr, Yahoo, Slideshare oder Scribd zusätzlich veröffentlicht werden. Tagesaktuelle bzw. zeitnahe Inhalte wie Hinweise auf aktuelle Veranstaltungen eignen sich hingegen besonders für Social-Media-Netzwerke.

Online-Inhalte und -Produkte definieren, sodass alle Beteiligten wissen, was online verbreitet werden darf.

Es ist wichtig darüber nachzudenken, welche Inhalte besonders einfach über soziale Medien verteilt werden und wie diese Medien zusätzlichen Wert für Bürger und Behörde schaffen können. Z. B. ist es für die öffentliche Verwaltung wie auch für die Bürger von Interesse, eine gemeinsame Online-Plattform zu haben, auf der sich beide Seiten kritisch mit neuen Gesetzgebungsvorhaben auseinandersetzen können. Das Beispiel „Stuttgart 21" (betreffend den Bahnhofsumbau in Stuttgart) zeigt, dass ein konstruktiver Austausch auf einer Plattform großen Informationsgehalt gehabt und mancher Protest eventuell nicht stattgefunden hätte. Zu berücksichtigen sind auch die täglichen Anfragen von Bürgern, da der Beratungsaufwand durch eine gute Information und Reichweite über Social-Media-Angebote reduziert werden kann.

Ein in diesem Zusammenhang gutes Beispiel ist der wöchentliche Podcast – eine abonnierbare Mediendatei – des Berliner Abgeordneten Christopher Lauer, in dem dieser über seine Aktivitäten informiert, z. B. Entscheidungen und

Sitzungen, an denen er teilgenommen hat. Die Audiodatei verteilt er automatisch an sein Twitter-Netzwerk, das aus über 20.000 Followern besteht, sowie an seine Politikerseite auf Facebook mit derzeit ungefähr 3.500 Likes.

Abbildung 19: Podcast „Lauer informiert"[31]

Die Art der Inhalte hat also unmittelbare Auswirkungen auf die Wahl der Plattform. Daher empfehlen wir Ihnen, Ihre vorhandenen Inhalte in einem ersten Schritt auf Social-Media Veröffentlichungstauglichkeit zu bewerten und die verschiedenen Varianten intern zu diskutieren. Bei dieser Bewertung und Entscheidung können sie folgende Punkte berücksichtigen:

- Entsteht ein Mehrwert für die Bürger?
- Besteht ein öffentliches Interesse an den Inhalten?
- Handelt es sich um Inhalte, die besonders häufig nachgefragt werden?
- Sind es Inhalte, die zeitkritisch und schnell kommuniziert werden sollten?

---

31 Siehe Podcast "Lauer informiert": http://bitlove.org/schmidtlepp/lauerinformiert (abgerufen am 10.12.2012).

Planungsleitfaden

- Gibt es Inhalte, zu welchen Sie Feedback wünschen?
- Bestehen Risiken für eine negative Kommunikationsspirale?
- Sind die Nutzungsrechte zur Veröffentlichung geklärt?

5.1.4 Ort: Auf welcher Plattform sollen welche Services angeboten werden?

Wurden Ziel, Zielgruppe und die zu veröffentlichen Inhalte definiert, kann die Frage nach der geeigneten Plattform bzw. den geeigneten Plattformen beantwortet werden. Empfehlenswert ist die Nutzung von mehreren Plattformen, die miteinander verlinkt sind, z. B. das Speichern von Bildern auf Bildplattformen, die wiederum in Facebook integriert werden. Am Ende dieses Schrittes steht eine Übereinkunft über die Auswahl der geeigneten Services bzw. einer geeigneten Plattform (Facebook, Twitter, Blogs, Wikis, Podcasts, Foursquare, Pinterest, Tumblr etc.)

Wie bereits erläutert, definieren Ziel und Zielgruppe den Inhalt, der verbreitet werden soll. Eine der allerletzten Entscheidungen ist die Auswahl der geeigneten Technik. Wir sind davon überzeugt, dass die Entscheidung nicht von einer speziellen *Social-Media-Plattform* beeinflusst werden sollte. Im Gegenteil, die Technologie sollte das Kriterium sein, das erst ins Spiel kommt, wenn Sie bereits alle anderen strategischen Entscheidungen getroffen haben. Erst in Folge sollte die Entscheidung über die geeigneten Social-Media-Plattformen getroffen werden. Bis dahin sollten jedoch alle vorherigen Fragen unabhängig von der Technikfrage beantwortet werden. Basierend auf den Online-Aktivitäten der Zielgruppen und den Kernaktivitäten der Behörde können Sie fragen, welche Social-Media-Plattformen für Ihre Organisation angemessen sind. Zu klären ist, in welcher Kombination welche Plattformen verwendet werden können und welche Plattformen die zuvor identifizierten Kernaufgaben besonders unterstützen. Die Entscheidung sollte das Verhalten der potenziellen Leser, Zuhörer oder Produzenten berücksichtigen: Welche Präferenzen haben die Bürger? Wo bewegen sie sich bereits online und können am einfachsten erreicht werden. Natürlich muss und sollte die öffentliche Verwaltung nicht jeden Trend mitmachen und nicht jede Social-Media-Applikation macht für jede Behörde Sinn. Dies gilt es, je nach Zielsetzung genau abzuwägen.

Social-Media-Plattformen und ihre Mitglieder sind hoch dynamisch. Was gestern gerne benutzt wurde, kann morgen auch wieder uninteressant werden, wie an den Beispielen von Friendster, MySpace oder studiVZ zu beobachten war.

Diese Plattformen zählten zu den führenden Social Networks, haben aber diese Position mittlerweile an andere Netzwerke abgegeben. Ebenso wie es verschiedene Typen von Nutzern gibt, gibt es auch verschiedene Typen bzw. Arten von sozialen Netzwerken. In Deutschland sind Dienste wie Facebook, YouTube, Xing, Twitter oder LinkedIn klar unter den meist genutzten Netzwerken zu finden (Stand 2013). Gleichzeitig werden dadurch verschiedene Arten von sozialen Netzwerken abgebildet: Während Facebook mehr freizeitorientiert und für jeden ist, ist YouTube klar auf Videos fokussiert, während sich bei Twitter jene tummeln, die es gerne kurz und bündig haben und primär Informationen in ihren Netzwerken weiterverbreiten. Die Zielgruppe der Wirtschaft findet sich wiederum eher auf Business-Plattformen wie Xing oder LinkedIn. Will man junge Menschen für Ausbildungsplätze gewinnen, kommt man über eine Ausschreibung auf den für die jeweilige Zielgruppe relevanten Kanälen kaum herum. Alle Aktivitäten verstärken die Kommunikation und ermöglichen Dialog und Zusammenarbeit. Dialog und Zusammenarbeit sind Möglichkeiten, die andere Kommunikationsmittel in der umfangreichen Form nicht bieten. Ein weiterer Vorteil ist der spielerische Zugang, den manche sozialen Netzwerke aufweisen (Gamification) und der Nutzer dazu animieren kann, regelmäßig auf eine Plattform zurückzukehren.

Es stellt sich außerdem die Frage, welche alternativen Zugänge zu den Behördeninhalten den Zielgruppen angeboten werden können, falls diese nicht über Social-Media-Kanäle erreichbar sind. Welche Maßnahmen kann die Behörde also zur Sicherstellung der Barrierefreiheit ergreifen? Ihre Inhalte können auf verschiedenen Plattformen repliziert werden. Es ist darauf zu achten, Leser traditioneller als auch neuer Medien zu erreichen. Ein YouTube-Video kann also z. B. als audiovisuelles Element genutzt werden, es ist jedoch ratsam, zusätzlich die Textabschrift zur Verfügung zu stellen, um möglichst viele zu erreichen – gerade, wenn Inhalte sich über mehrere Plattformen verbreiten können.

Social Media-Plattformen können in die folgenden Bereiche eingeteilt werden:

- *Contentplattformen*, die dazu dienen, Inhalte zu veröffentlichen und zu teilen, z. B. Flickr, YouTube oder Vimeo.
- *Plattformen, um Beziehungen mit den Bürgern zu pflegen*: Bei sozialen Netzwerke stehen wiederum die Beziehungen zwischen den Menschen, das Netzwerken, die Unterhaltung im Mittelpunkt, und sie dienen dazu, Inhalte zu verbreiten, die auf eigenen Webseiten oder auf Contentplattformen publiziert wurden. Hierzu zählen Facebook, Twitter und Co.

Planungsleitfaden 123

- *Kooperationsplattformen* fokussieren auf die Ausführung bestimmter Dienste, insbesondere, um kollaboratives Arbeiten über bestimmte Tools zu ermöglichen, z. B. Google Docs, Elance und andere.

Die Verwaltung sollte sich in folgenden Schritten mit der Wahl der geeigneten Plattformen auseinandersetzen:

- in Übereinstimmung mit der Zielsetzung die Auswahl der geeigneten Plattform,
- wenn erwünscht, der Aufbau einer eigenen Plattform (z. B. eines eigenen Forums oder Blogs), über die Neuigkeiten kommuniziert werden,
- die Nutzung von bereits bestehenden Plattformen und Angeboten (z. B. Wordpress, bestimmte soziale Netzwerke, in denen sich die Nutzer ohnehin bereits aufhalten, etc.).

5.1.5 Zeit: Wie lange, wie oft und wie schnell soll umgesetzt werden?

Eine weitere wichtige Entscheidung zu Beginn der Planung ist, inwieweit der Social-Media-Dienst für eine Kampagne bzw. ein Projekt zeitlich befristet genutzt werden soll oder ob eine dauerhafte Repräsentanz geplant ist. Im Fall einer zeitlichen Begrenzung sollte dies auf der Plattform dann auch klar kommuniziert werden. Nach Auswahl der Plattform(en) können Kommunikationsleitfäden erstellt werden. Diese sollten beinhalten, wie oft, wann und wie regelmäßig auf den Plattformen Inhalte veröffentlicht werden sollen. Dabei ist zu beachten, dass auf jeder Plattform unterschiedliche Kommunikationskulturen und Algorithmen anzutreffen sind. Aus der Kommunikationskultur der jeweiligen Communities können Sie in Folge ableiten, wie intensiv die Kommunikation zu pflegen ist und wie häufig und schnell reagiert werden muss. Es ist ratsam, sich als Behörde hier an die Gepflogenheiten in sozialen Netzwerken anzupassen – nicht nur im Hinblick auf die Häufigkeit der ausgesendeten Informationen, aber auch hinsichtlich der verwendeten Sprache und Länge der Nachrichten. Gleichzeitig sollte aber ein nicht zu salopper Ton gewählt werden. Es ist ratsam, Inhalte regelmäßig, aber der Kommunikationskultur der jeweiligen Plattform angepasst zu verbreiten.

Die Dauer und Häufigkeit der Interaktionen hängt, wie bereits angesprochen, von den Zielen der jeweiligen Behörde ab. Grundsätzlich sind eine kontinuierliche Betreuung und entsprechende Ressourcen ideal, aber nicht immer realistisch.

5.1.6 Ressourcen und Rollen: Social-Media-Verantwortliche

Der Aufbau und Betrieb von Social-Media-Angeboten benötigt fix zugeteilte Ressourcen. Aus den vorhergehenden Fragen können Sie bereits grob abschätzen, mit wie vielen Arbeitsstunden pro Woche zu rechnen ist. Somit bleibt noch die Frage nach den Rollen und Verantwortlichkeiten und den dahinterliegenden Prozessen wie Inhaltserstellung, Moderation, Monitoring, Krisenverantwortung usw. Zusätzlich zur Klärung der Zuständigkeiten und Prozesse gilt es zu prüfen, inwieweit entsprechende Schulungen notwendig sind. Dies mag in jeder Behörde bzw. Abteilung unterschiedlich sein. Die Festlegung der *Rollen und Verantwortlichkeiten* betrifft vor allem die Mitarbeiter, die schlussendlich die Unterstützung der sozialen Medienkanäle übernehmen werden, also der oder die Social-Media-Verantwortliche oder das Social-Media-Team. Für viele öffentliche Verwaltungen war es anfänglich keine Frage, dass diese Aufgaben von der IT-Abteilung übernommen werden sollten. Allerdings hat sich sehr schnell herausgestellt, dass diese Abteilungen zwar hilfreich sind, um das technische Umfeld zu unterstützen, da soziale Medien jedoch auf Webplattformen von Drittanbietern gehostet werden, steht die technische Komponente bei der Anwendung nicht im Vordergrund. Im Gegenteil: Soziale Medien sind gerade durch den Inhalt und die Interaktionen mit Bürgern erfolgreich. Die Verantwortlichkeit ist daher vielmehr im Bereich der Öffentlichkeitsarbeit, aber auch bei allen Abteilungsverantwortlichen zu sehen, die sich mit Inhalten beschäftigen, die relevant für die Öffentlichkeit sind.

> *Basierend auf der Entscheidung, soziale Medien einzusetzen, folgt die Definition von Rollen und Verantwortlichkeiten.*

Es ist wichtig, die Rolle dieses Social-Media-Teams bzw. der/des Social-Media-Verantwortlichen genau zu definieren. Nachdem definiert wurde, wer in diesem Team sein sollte und welche Aufgaben es ausführen soll, geht es um die Analyse der verfügbaren Ressourcen und deren Zuteilung. Das inkludiert Mitarbeiter, Ressourcen und Ausstattung. Es hat sich bewährt, hier Repräsentanten aus verschiedenen Teams, z. B. der PR-Abteilung, des Marketings und der IT-Abteilung zu inkludieren, diese Repräsentanten aber gleichzeitig nicht aus den bisherigen Aufgabenbereichen abzuziehen bzw. diese neu zu definieren: Das erlaubt eine höhere Flexibilität des Teams. Wichtig ist, wie schon angedeutet, die richtige Auswahl der Teammitglieder, die verschiedene Fähigkeiten besitzen sollten: Strategie-Experten sollten ebenso vertreten sein wie Content-Manager oder Marketing-Experten. Im Fall von kleineren Fachabteilungen können auch kleinere Social-Media-Teams aufgebaut werden, aber auch hier gilt es, klare Verantwortungen und Aufgaben gemeinsam zu definieren.

Darüber hinaus ist es empfehlenswert, von Anfang an einen sog. *Social-Media-Ringmaster* zu ernennen, der den Überblick über alle Aktivitäten behält, Informationen verteilt, weiß, wer für welche Nutzerkonten zuständig ist, Medienkampagnen organisiert, die Interpretation der Erfolgsfaktoren und -maßzahlen übernimmt und generell ein Auge auf die Einhaltung einer konsistenten Social-Media-Strategie hat. Die Rolle dieses Ringmasters ist es aus unserer Sicht auch, das Top-Management laufend über Aktivitäten und Erfolge zu unterrichten und so sicherzustellen, dass die zur Verfügung gestellten Ressourcen und Kapazitäten weiterhin verfügbar bleiben.

Des Weiteren sollten Sie die Entscheidung treffen, alle Social-Media-Aktivitäten entweder zentral zu bündeln oder aber die Verantwortung auf viele verschiedene Mitarbeiter zu verteilen. Beide Ansätze haben Vorteile. Aus unserer Sicht kommt es auf die Größe der Behörde und die Breite der Aufgabenstellungen an. Eine zentrale Aufgabenbündelung macht dann Sinn, wenn es wichtig ist, eine einheitliche sprachliche Vorgabe für alle Kommunikationsaktivitäten einzuhalten. Eine dezentrale Aufgabenverteilung ist besonders dann sinnvoll, wenn eine Behörde verschiedenartige Aufgaben erfüllt und viele verschiedene Zielgruppen hat, die an unterschiedlichen Inhalten interessiert sind. In dem Fall schlagen wir vor, die Verantwortlichkeiten für die Social-Media-Inhalte an die Fachabteilungen zu übergeben, weil sie die Inhalte, ihre Zielgruppen und deren Sprache am besten kennen.

Verantwortung für Social Media entweder zentral organisieren oder auf viele Schultern verteilen

Diese Kollegen sollten dann für die *täglichen Routineaufgaben* im Zusammenhang mit den Social-Media-Nutzerkonten zuständig sein. Dazu gehört, dass sie einem internen Stundenplan folgend die eingegangenen Kommentare von Bürger sichten, ggf. beantworten oder nach Antworten innerhalb der Behörde suchen. Neben den regulären Updates sind sie dann auch dafür zuständig, zusammen mit dem Social-Media-Ringmaster *Social-Media-Kampagnen ad hoc* im Zusammenhang mit bestimmten Veranstaltungen oder Jahrestagen zu initiieren und mit Hilfe von Social Media zu begleiten.

5.1.7 Prozess der Erarbeitung – zu beteiligende Stellen

Eine Social-Media-Guideline ist insbesondere mit Vertretern der Presse- und Öffentlichkeitsarbeit abzustimmen, die auch für die weiteren Einsatzformen, insbesondere den fachlichen Diskurs, wertvolle Hinweise zur öffentlichen Kommunikation geben können. Hinsichtlich der speziellen Funktionalitäten der sozialen Medien erscheint eine Rücksprache mit dem behördeneigenen Datenschutzbeauftragten, ggf. auch der jeweiligen Aufsichtsbehörde, zielführend, um bereits im Vorfeld eine datenschutzkonforme Nutzung abzusichern. Schließlich ist eine Social-Media-Guideline, vor allem, wenn diese verbindlich für alle Mitarbeiter in Kraft gesetzt werden soll, mit dem Personalrat abzustimmen. Angesichts der schnellen Innovationszyklen im Bereich sozialer Medien, die relativ schnell neue Funktionalitäten hervorbringen, muss der Erarbeitungsprozess auch sicherstellen, dass eine kontinuierliche Fortschreibung, Ergänzung und Anpassung der Guideline an veränderte technische, organisatorische oder rechtliche Rahmenbedingungen ermöglicht wird. Hierzu eignet sich insbesondere eine Fort-

Messen, interpretieren und dann Onlinetaktiken anpassen

schreibung mittels eines Wikis, welches gerade auch Diskussionen zu einzelnen Aspekten ermöglicht und durch die Anführung von Beispielen quasi eine kommentierte Fassung der Richtlinie abbilden kann (Schulz 2012, S. 120).

Um den bestehenden Bedenken in vielen Verwaltungen entgegenzuwirken, erscheint es überdies sachgerecht, z. B. den fachlichen Diskurs erst für einzelne Zuständigkeits- oder Themenbereiche, ggf. auch untergeordnete Behörden, zu erproben und aufgrund dieser (positiven oder negativen) Erfahrungen sowie einer entsprechend fortentwickelten Guideline die Nutzung der sozialen Medien auch auf andere (Verwaltungs-) Bereiche auszudehnen.

5.1.8 Evaluation

Abschließend steht die Phase der Evaluierung von quantitativen und qualitativen Maßzahlen und Indikatoren. Diese Evaluierung kann unter Umständen auch an entsprechend qualifizierte Einrichtungen ausgelagert werden, dies verlangt aber eine bereits längere Laufzeit des Projektes, um entsprechende Außenwirkungen feststellen zu können.

Alle Online-Aktivitäten werden im Sande verlaufen, wenn sie nicht *kontinuierlich überwacht bzw. bewertet* werden. Es gilt für Social-Media-Projekte leider nicht der Grundsatz: *„Build it and they will come"*. Online-Interaktionen sollten einem sog. Monitoring unterzogen werden und ggf. müssen bestimmte Taktiken auch verändert werden. Zwar gibt es ein paar grundlegende Maßzahlen, wie z. B. die stetig ansteigende Anzahl von Likes und Followern, die auf eine positive Aufnahme durch die Nutzer schließen lassen. Allerdings muss jede Behörde die für sie relevanten Indikatoren selber wählen und diese in Zusammenhang mit der Kernaufgabe der Verwaltung und dem gewünschten Erfolg ableiten. Ist das Kernziel, die Öffentlichkeit vor allem zu informieren, dann wird es ausreichen, zu überprüfen, wen die Inhalte erreicht haben und ob z. B. viele Bürger bereit waren, die Inhalte in ihren eigenen Netzwerken zu teilen. Ist eine Behörde jedoch darauf bedacht, partizipativ zu agieren und Social Media als Mittel zur Partiziation und Kollaboration zu verwenden, dann wird es wichtiger sein, auf die Anzahl und die Qualität der Inhalte zu schauen und diese genauer zu interpretieren.

In einem weiteren Schritt sollten diese Indikatoren mit Hilfe der PR- und Medienverantwortlichen interpretiert und in der Folge als Leitfaden für alle zukünftigen strategischen Entscheidungen genutzt werden. Wir schlagen vor, vor allem tägliche Routinen entsprechend anzupassen und die Indikatoren auch für zukünftige Social-Media-Kampagnen anzuwenden. Eine dieser Entscheidungen könnte z. B. sein, dass sich der Aufwand für die Nutzung einer Facebook-Seite nicht lohnt, da die Inhalte auch nach mehreren Versuchen und unterschiedlichen Strategien bzw. Veränderungen der Seite nicht von den Bürgern angenommen werden. Schlussendlich muss sich der Einsatz sozialer Medien lohnen und einen Mehrwert für Bürger und Verwaltung schaffen.

Die Evaluierung sollte sowohl begleitend als auch nachträglich erfolgen. Beides dient als Lernschleife innerhalb des Prozesses sowie als Kontrolle der Zielerreichung nach Abschluss eines Projekts.

5.2 Kommunikationsleitfaden für Social-Media-Verantwortliche

Die folgenden Aspekte betreffen Kommunikationsabläufe und -regeln im Social Web, die für Social-Media-Verantwortliche bzw. -Redakteure relevant sind. Wir gehen insbesondere auf den guten Ton („Netiquette"), den Umgang mit Feedback und Gepflogenheiten im Bereich Social Media ein, deren Kenntnis die Kommunikation in diesem Medium leichter machen bzw. auch vor eventuell schlechten Erfahrungen schützen soll. Verantwortliche sollten sich auf die jeweiligen Kommunikationsregeln in bestimmten Kanälen einlassen bzw. sie vor der aktiven Teilnahme über einen längeren Zeitraum beobachten – so bekommt man ein gutes Gespür für die Besonderheiten eines bestimmten Dienstes.

Keine Angst vor Feedback! Social Media eröffnen Bürgern viele zusätzliche Kommunikationskanäle, um mit der öffentlichen Verwaltung in Kontakt zu treten. Das kann durch die hohe Anzahl an Kommentaren und zusätzlichen Anfragen zu einer Überlastung der Social-Media-Beauftragten führen. Oftmals hört man von Überlastung oder Überforderung oder auch von der Angst vor einer Fülle an Kommentaren, die man nicht mehr kontrollieren oder überblicken kann.

Es hat sich jedoch im Laufe der Zeit herausgestellt, dass nur wenige sehr populäre Facebook-Seiten oder Twitter-Konten sehr viele Anfragen bekommen, dass es aber für den Großteil der Behörden sehr lange dauert, bis sie eine große Anzahl an Followern oder Likes erhalten, und Bürger in diesen Kontexten eher vorsichtig und zurückhaltend sind. Nichtsdestotrotz ist es notwendig, sich Gedanken darüber zu machen, wie Kommentare von Bürgern generell behandelt und wie auf einen eventuellen Ansturm auf ein wiederkehrendes Thema reagiert werden soll. Nicht alle Anfragen müssen jedoch notwendigerweise sofort beantwortet werden. Oftmals wurden sie auch bereits an anderer Stelle behandelt – ein einfacher Verweis auf diese Stelle reicht dann aus. Tipps zum Umgang mit Kommentaren finden Verantwortliche für Social Media in Folge.

Die Regeln zum Beantworten von Kommentaren bzw. dem Umgang mit Feedback generell sollten in der sog. *Netiquette oder in Kommentierungsleitlinien* festgelegt werden. Die folgenden Fragen sollte sich jeder stellen, der mit Social Media zu tun hat:

- Auf welche Kommentare, Anfragen und Diskussionsaufforderungen dürfen die Social-Media-Verantwortlichen direkt antworten?
- Welche Art von Kommentare sind auf dem Blog, der Facebook-Seite, etc. erlaubt?
- Wie sind die sprachlichen Regelungen?

Grundsätzlich sollte gelten, dass sich die Behörde das Recht nimmt, unpassende Kommentare in Form von Beschimpfungen zu löschen. Die diesbezüglichen Regeln sollten prominent auf jedem Nutzerkonto verlinkt sein, sodass die Spielregeln klar sind. Darüber hinaus macht es auch Sinn, die Leitlinien zum Kommentieren gelegentlich in der eigenen Timeline zu posten, sodass sie bewusst wahrgenommen werden.

Kommentierungshilfen erleichtern die Online-Interaktionen mit den Bürgern.

Die Redaktion muss sich außerdem Gedanken machen, wie sie mit Kommentaren umgehen will, die z. B. außerhalb der Dienstzeiten oder am Wochenende gepostet werden. Soll darauf nicht reagiert werden, ist ein entsprechender Hinweis im Profil empfehlenswert, damit Nutzer richtig einschätzen können, ob Feedback zu erwarten ist oder nicht. Auf Twitter ist dies einfacher, da hier eventuelle Kommentare von den Usern selbst erst gefiltert werden und nicht so einfach auf einen bestimmten Account rückführbar sind. Das Kommentieren in der sortierten Hauptliste von Einträgen ist also nicht möglich, weil diese in einem eigenen Frame dargestellt werden.

Auf positive und negative Kritik sollte in sozialen Netzwerken möglichst rasch (idealerweise innerhalb von 24 Stunden) reagiert werden. Alle Beiträge sollten zugelassen werden, und auch „seriöse" negative Einträge sollten nicht gelöscht werden. Beiträge von außen, die diskriminierende oder verächtliche Ausdrücke beinhalten oder insgesamt beleidigend, verleumderisch oder anderweitig unangemessen sind, sollten jedoch so schnell wie möglich entfernt und dies bei Bedarf auch geeignet kommuniziert werden. Es empfiehlt sich, alle Korrekturen zu archivieren, um Änderungen für andere Redakteure nachvollziehbar zu machen.

Es gilt immer: Negative Kritik sollte keinesfalls ignoriert, sondern mit sachlichen und zweckdienlichen Argumenten entkräftet werden. Hier bedarf es redaktioneller Übereinkünfte, ab wann der Vorgesetzte informiert werden muss.

Die amerikanische Umweltbehörde hat z. B. für ihre Mitarbeiter ein Ablaufdiagramm erstellt, das als Entscheidungshilfe für die Frage nach der Reaktion auf Kommentare hinzugezogen werden kann. Sobald Bürger Kommentare auf offiziellen Facebook- oder Twitter-Seiten der Behörde hinterlassen, sollten sich die Social-Media-Verantwortlichen die folgenden Fragen stellen:

1. Macht es Sinn auf den Kommentar zu antworten? D. h., kann der Kommentar in angemessener Zeit beantwortet werden oder müssen aufwendige Nachforschungen angestellt werden?
2. Ist der Ton des Kommentars grundsätzlich positiv?
3. Falls beide Fragen mit „Nein" beantwortet werden, dann sollte der Kommentar bleiben und nicht beantwortet werden. Ist die Antwort jedoch ein „Ja" sein, dann wird die Antwort zunächst mit den Vorgesetzten diskutiert und offiziell abgestimmt.

Die folgende Abbildung zeigt dieses Entscheidungsdiagramm als Bearbeitungshilfe für den Umgang mit Kommentaren von Bürgern, welches jedem Angestellten der amerikanischen Umweltbehörde zur Verfügung gestellt wird:

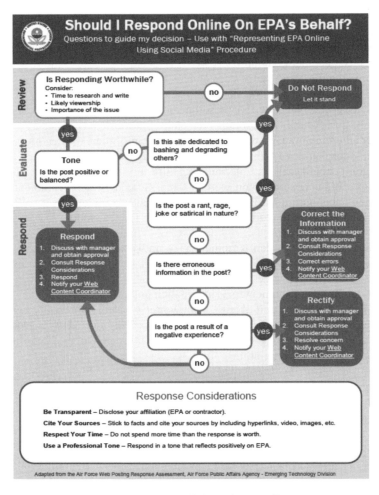

Abbildung 20: Kommentierungsrichtlininen der EPA[32]

Auch für Unternehmen und Verwaltungen finden sich zahlreiche Leitfäden. Einen der prägnantesten bietet Microsoft für ihre Mitarbeiter, wo es heißt: „Be smart

---

32 EPA Kommentierungsleitfaden http://www.epa.gov/irmpoli8/policies/respond.pdf (abgerufen 12.12.2012).

und berücksichtigen Sie die internen Richtlinien, wie z. B. die Verschwiegenheitspflicht und die AGBs der jeweiligen Plattformen."

Die Ausführungen zum Leitfaden zur privaten Nutzung können vollständig für unsere Belange übernommen werden und durch die folgenden Punkte ergänzt werden:

1. Sie sind Öffentlichkeitsarbeiter: *Durch die Nutzung von sozialen Medien und Netzwerken werden Sie zu einem Öffentlichkeitsarbeiter Ihrer Organisation, der mit Bürgern in einen Dialog tritt. Geben Sie daher in der Kommunikation bekannt, welchen Teil der Organisation Sie repräsentieren. Achten Sie darauf, dass Sie nur die Informationen veröffentlichen, die in Ihren Zuständigkeitsbereich fallen bzw. für die Sie die Berechtigung innehaben.*
2. Fokussieren Sie sich auf die ausgewählten Social-Media-Plattformen: *Fokussieren Sie Ihre Kommunikation auf die von der Behörde ausgewählten Plattformen bzw. stimmen Sie sich intern ab, inwieweit darüber hinausgehende Kommunikation erwünscht ist.*
3. Vernetzen Sie Gesprächspartner und knüpfen Sie Kontakte: *Wenn Nutzer Fragen haben, welche über Ihren Bereich hinausgehen, geben Sie bekannt, warum Sie diese Fragen nicht beantworten können, und nennen Sie den passenden Ansprechpartner.*
4. Sie sind ein korrigierendes Auge: *Korrigieren Sie etwaige Ungenauigkeiten bzw. Falschinformationen in Bezug auf Ihre Organisation bzw. geben Sie den Fehler intern an die zuständige Organisationseinheit weiter.*
5. Jede Social-Media-Plattform hat ihre eigene Kultur: *Vergewissern Sie sich, dass Sie die „Regeln" und Gepflogenheiten verstehen, die in Social-Media-Plattformen von den Nutzern eingehalten werden sollen, bevor Sie diese Applikationen einsetzen.*

Auch in diesem Fall gilt: Nutzen Sie unsere Vorschläge als Ausgangspunkt und passen Sie sie nach Ihren Bedürfnissen an.

Web-Tip: Weitere Leitfäden finden Sie gesammelt unter:
http://inesmergel.wordpress.com/research/social-media-policies/

Bei der Veröffentlichung und Bearbeitung von Inhalten auf Social-Media-Plattformen durch die Redaktion ist insbesondere auf die angebrachte Häufigkeit der Inhalte zu achten. Während im Echtzeit-Netzwerk Twitter das unmittelbare Absenden eines Tweets nach dem anderen durchaus üblich ist, werden bei Facebook mehrere Postings an einem Tag oft bereits als exzessiv wahrgenommen. Gerade wenn soziale Medien als Information über offizielle Anliegen für Bürger verwendet werden, ist dies zu berücksichtigen.

Auf Facebook finden sich, wie bereits beschrieben, nicht nur individuelle Profile, sondern man kann auch Fan-Seiten für eine Organisation anlegen. Für die öffentliche Verwaltung empfiehlt sich das Anlegen einer themenorientierten Seite – Nutzer, die diese dann „liken", werden mit den Neuigkeiten der Seite versorgt.

Wie bei einer Social-Media-Strategie generell ist es allgemein ratsam, das Zuhören und das Beobachten einer Plattform als wesentlichen Teil der redaktionellen Arbeit anzusehen. Dabei kann es hilfreich sein, noch vor der konkreten Zieldefinition die bereits bestehenden Inhalte in sozialen Medien über die Organisation ausfindig zu machen. Welche Meinungen und Wünsche von Nutzern lassen sich bereits finden? Welches sind die Key-Stakeholder bzw. wichtige Vermittler, die einen starken Einfluss auf die Community haben? Welcher Konversationston herrscht vor? Finden sich bestimmte Gruppen oder Ansichten in den entsprechenden Räumen und Netzwerken? Sinnvoll ist auch eine Recherche bezüglich bestimmter bereits existierender Inhalte, z. B. Blogs zu relevanten Inhalten. Auch offene Dienste wie Twitter bilden bereits Meinungen zu einem Thema ab – hierfür lässt sich z. B. die erweiterte Suche nutzen.

In der Umsetzung bzw. im Redaktionsalltag können sich manchmal spezifische Probleme ergeben, die mit der Ausrichtung bzw. den vorgegebenen Regeln der Plattform zusammenhängen. Darunter fällt z. B., dass Facebook offiziell nur echte Namen zulässt. Wenn Nutzer sich aber mit ihrem echten Namen anmelden, könnte es sein, dass sie gleichzeitig aus ihrem Privataccount heraus agieren, es sei denn, es werden fiktive Profile angelegt, über die man dann auf die offiziellen Seiten oder Gruppen zugreifen kann. Außerdem muss geklärt werden, wer welche Befugnisse und Passwörter erhält und wo diese abgespeichert werden sollen. Weiterhin sind mit den technischen Verantwortlichen eventuelle technische Zugänge und Filteroptionen zu klären.

Sprachlich ist zu empfehlen, von einer zu starken PR-Sprache Abstand zu nehmen und die Postings in einem informativen, einfachen Ton zu gestalten. Einige Dienste haben wiederum eigene sprachliche Codes und Gepflogenheiten, wie z. B. eine bestimmte Art, zu antworten oder bei Twitter Postings weiterzuleiten. Dementsprechend müssen sich redaktionelle Mitarbeiter mit diesen Besonderheiten vertraut machen, bevor erste Inhalte veröffentlicht werden. In sozialen Medien sollte außerdem unbedingt eher seriös, sachlich, höflich und verantwortungsvoll formuliert werden. Ein angemessener Sprachstil und der „gute Ton" sind – wie auch in anderen Kommunikationsrahmen – zu beachten. Den Nutzern ist respektvoll gegenüber zu treten, egal welche Aktivitäten diese setzen und welcher Gruppe sie angehören.

Es empfiehlt sich außerdem, einen thematischen Leitfaden zu erstellen, der eine ungefähre Übersicht über die Themen, die in sozialen Netzwerken veröffentlicht werden können und sollen, liefert. Eventuell lassen sich einige Themen über sog. Feeds, d. h. die automatische Übernahme von Inhalten aus anderen Portalen, regeln.

Zusätzlich zu normalen Postings kann auch die Möglichkeit erwogen werden, bestimmte Informationen über Nachrichten oder Ähnliches zu senden. Viele Online-Communities bieten die Möglichkeit, alle Mitglieder per E-Mail zu erreichen. Derartige Tools sollten jedoch nicht zu intensiv eingesetzt werden, denn nicht alle Mitglieder möchten gerne mit E-Mails bzw. Privatnachrichten ihrer Behörde überhäuft werden.

5.3 Produktionsleitfaden für Inhalte

Social Media wird oft als besonders zeitraubend erachtet. Viele öffentliche Verwaltungen blocken aus dem Grund den Zugang zu bestimmten Webseiten wie Facebook, Twitter, Blogs oder YouTube. Sobald ein Kollege also einen dieser Links auf dem behördeneigenen Computer anklickt, werden die Seiten gesperrt und der Zugang verwehrt. Andere Behörden sammeln und archivieren minutengenau die Zeit, die ein Mitarbeiter auf einer Plattform verbracht hat. Diese Maßnahmen tragen wenig dazu bei, Social Media professionell und effizient in der Organisation einzuführen. Einmal gelernte Routinen und die damit verbundenen negativen Vorurteile sind schwer wieder abzulegen. Sogar Social-Media-Professionals fühlen sich verpflichtet, ihre Bildschirme so aufzustellen, dass vorbeilaufende Kollegen nicht denken, sie verbrächten zu viel Zeit damit, privat zu surfen. Andere fühlen sich verpflichtet, zu erklären, an was sie gerade arbeiten und dass es Teil ihres Jobs ist, die Nutzerkonten zu aktualisieren.

Um diesem negativen Klima entgegenzusteuern, aber auch um den Prozess der Inhalteerstellung zu erleichtern, können Applikationen helfen, die es Social-Media-Beauftragten erlauben, ihre Konten außerhalb der eigentlichen Webseiten zu aktualisieren. Die folgende Applikation „Measured Voice" – zurzeit kostenlos im Beta-Format für Behörden zugänglich – ist ein solches Beispiel. Die einfache Benutzeroberfläche ist direkt mit Facebook und Twitter verbunden, jedoch explizit einfach gehalten, sodass sich der Nutzer nur auf den Inhalt der zu aktualisierenden Nachricht konzentrieren kann:

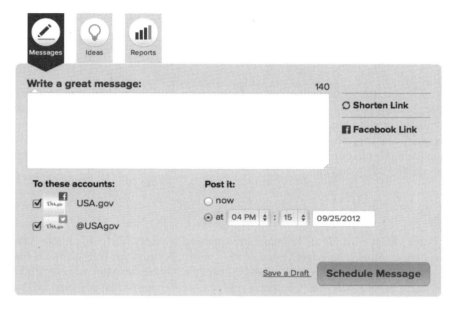

Abbildung 21: Screenshot „Measured Voice"-Applikation[33]

Die Applikation hat neben der ablenkungsfreien Benutzereingabe einen weiteren Bestandteil. Sie erlaubt es, unterschiedliche *Rollen* für Dateneingabe und -korrekturen zu definieren. So erstellt die PR-Abteilung den ersten Entwurf des Tweets, speichert die Eingabe und damit wird automatisch der Vorgesetzte informiert, der die Inhalte überprüft, redigiert und an eine potenziell dritte Person weiterleitet. Erst wenn die Inhalte durch die vorab definierte *Sicherheitsüberprüfung* gelaufen sind, werden die Aktualisierungen live an Twitter weitergeleitet und gepostet.

5.3.1 Nutzergenerierte Inhalte im Social Web

Viele Angebote der öffentlichen Verwaltung in den sozialen Medien (z. B. Twitter-Profile, Blogs und Fanseiten), selbst wenn sie auf der Plattform eines privaten Dritten realisiert sind, stellen einen eigenständigen Telemediendienst i. S. v. § 5

---

[33] Weitere Ausführungen zu „Measured Voice" finden Sie hier: NextGov.com „Tools help agencies manage social media messaging": http://www.nextgov.com/technology-news/tech-insider/2012/10/government-finding-measured-voice-Social Media/58923/ (abgerufen 10.12.2012).

Abs. 1 TMG dar. Daher entsprechen die Pflichten eines (behördlichen) Nutzers von Social-Media-Angeboten denen eines (behördlichen) Betreibers einer Webseite.

Das TMG gilt für alle Anbieter, einschließlich der öffentlichen Stellen, unabhängig davon, ob für die Nutzung ein Entgelt erhoben wird. Bei dem Angebot in den sozialen Medien muss es sich aber um einen eigenständigen Telemediendienst handeln. Mit dem Argument, die Nutzer derartiger Dienste seien gerade Nutzer eines Dienstes und keine eigenen Anbieter, lässt sich keine restriktive Auslegung begründen. Es ist durchaus anerkannt, dass ein Nutzer eines Dienstes selbst zum Anbieter eines weiteren Dienstes werden kann (Krieg 2009). Auch dem Einwand, dass die Betreiber der sozialen Medien und nicht die Nutzer die Kontrolle über die eingestellten Angebote hätten, kann entgegengehalten werden, dass der einzelne Nutzer zwar nicht die Möglichkeit hat, den Dienst insgesamt zu aktivieren oder zu deaktivieren, es ihm aber möglich ist, in dieser Weise mit dem von ihm gestalteten (nutzergenerierten) Teil zu verfahren und diesen – z. B. auch datenschutzkonform – auszugestalten. Insofern besteht auch ein Unterschied zur datenschutzrechtlichen Verantwortlichkeit nach § 15 Abs. 3 TMG, die nur denjenigen Diensteanbieter trifft, der die konkret zu beurteilende Datenerhebung oder -verwendung verantwortet. Erkennt man die Existenz gestufter Telemediendiensteanbieter auf einer gemeinsamen Plattform an, sind die einzelnen Aktivitäten auch entsprechend zuzuordnen und jeweils unabhängig voneinander zu betrachten. Letztlich bestehen kaum Unterschiede zwischen einem Twitter-Profil oder einer Facebook-Seite und einer normalen Webseite, da sie auch weitgehend, besonders von Unternehmen und Institutionen, in derselben Weise genutzt werden (Krieg 2010).

Werden derartige Dienste von der Verwaltung nachhaltig mit der Absicht genutzt, durch die Gesamtheit ihrer Postings, Informationen und anderer nutzergenerierter Inhalte ein dauerhaftes Angebot zu schaffen, ist eine Einordnung als Telemediendienst geboten (ausführlich Hoffmann/Schulz/Brackmann 2012, S. 167 ff.). Daher treffen die Verwaltung die entsprechenden Pflichten wie sie auch für Homepage-Betreiber gelten.

5.3.2 Realisierung der Impressumspflichten im Social Web

Aufgrund der Tatsache, dass Facebook-Seiten oder andere Profile in den sozialen Medien als ausgelagerte Behördenhomepage zu klassifizieren sind, zumal der Inhalt überwiegend eigenverantwortlich vom Nutzer gestaltet werden kann, gelten auch weitere Vorgaben, die für eine (Behörden-)Homepage Anwendung

136 Implementierung der Social-Media-Strategie

finden. Dies gilt für die Informations- (oft auch als Impressum bezeichnet) und andere Pflichten aus dem TMG oder weiteren Vorschriften. Diese erfordern in der Regel die Angabe des vollständigen Namens (z. B. der Fachbehörde), der vollständigen Anschrift, einer vertretungsberechtigten Person sowie von Angaben, die eine schnelle elektronische Kontaktaufnahme und unmittelbare Kommunikation ermöglichen. Alle Pflichtinformationen sind leicht erkennbar, unmittelbar erreichbar, also ohne wesentliche Zwischenschritte (maximal zwei Links), und ständig verfügbar zu halten. Selbstverständlich sollte der Link auch dauerhaft funktionstüchtig und ohne Einsatz zusätzlicher Leseprogramme einsehbar sein (Finanzbehörde Hamburg 2011, S. 96).

Soweit ein Angebot die Erfüllung dieser Pflichten nicht (vollständig) ermöglicht, muss zwischen den positiven Effekten und den negativen Begleiterscheinungen abgewogen werden und auf eine größtmögliche Realisierung der Vorgaben geachtet werden (so ist die Angabe des vollständigen Namens der Behörde entbehrlich, wenn bereits der Account oder die Seite entsprechend benannt ist, sodass bei eingeschränktem Platzangebot die weitaus wichtigere Information zur Erreichbarkeit angegeben werden sollte).

5.3.3 Barrierefreiheit

Vergleichbar ist mit den Vorgaben zur Barrierefreiheit von behördlichen Internetangeboten umzugehen, zumal umfassende Anpassungen der Auftritte in sozialen Netzwerken in der Regel nicht möglich sind. Aufgrund der Eigenschaft der meisten Profile als ausgelagerte Behördenhomepages ist von einer grundsätzlichen Anwendbarkeit der entsprechenden Vorschriften[34] auszugehen (Finanzbehörde Hamburg 2011, S. 96 f.). Von einzelnen Anforderungen oder Bedingungen kann man aber abweichen, wenn die zielkonforme Gestaltung wegen der besonderen sachlichen Anforderungen mit einem unverhältnismäßig hohen technischen und finanziellen Aufwand verbunden wäre. Diese Voraussetzungen dürften regelmäßig vorliegen – dennoch muss auch hier auf die größtmögliche Realisierung, z. B. durch Verweise auf barrierefreie Alternativangebote etc., geachtet werden. Ein entsprechender Verweis auf einer von der Behörde vertriebenen Seite ist ratsam. Gerade wenn die sozialen Medien als freiwilliges und zusätzliches Angebot realisiert werden, besteht ein größerer Spielraum der Behörde für die Ausgestaltung.

---

34 Dokumentation des Gesetzgebungs- und Verordnungsstandes unter www.einfach-fuer-alle.de/artikel/bitv/bgg.

5.3.4 Datenschutzrechtliche Verantwortlichkeit

Auch hinsichtlich datenschutzrechtlicher Aspekte ist – soweit die Behörde die datenschutzrechtlich relevanten Prozesse selbst verantwortet – darauf zu verweisen, dass sich die Situation letztlich nicht anders darstellt als bei herkömmlichen behördlichen Internetauftritten. Die datenschutzrechtliche Verantwortlichkeit ist jeweils hinsichtlich konkreter Datenerhebungen und -verarbeitungen festzustellen; in gestuften Systemen ist eine Abgrenzung der Sphären zwischen Plattform(-Anbieter), nutzergenerierten Inhalten erster Ordnung (z. B. Facebook-Seiten) und nutzergenerierten Inhalten zweiter Ordnung (z. B. Kommentare von Bürgern auf der behördlichen Facebook-Seite) zu differenzieren. Während für die mittlere Ebene die an die Behörde adressierten Vorgaben unmittelbar gelten, ist diese für die beiden anderen allenfalls mittelbar – über die Frage, ob solche Dienste überhaupt genutzt werden dürfen, auf der einen, die Haftung für Fremdinhalte auf der anderen Seite – verantwortlich.

Da soziale Medien und Netzwerke gerade aufgrund der einfachen Möglichkeit, eigene Inhalte zu produzieren, auch für die behördliche Kommunikation besonders attraktiv erscheinen, muss, insbesondere wenn solche Inhalte (Fotos, Videos, Texte, Songs oder Ähnliches) hochgeladen werden, die rechtliche Zulässigkeit geprüft werden. Neben fremden Urheberrechten (insbesondere, wenn diese laut Nutzungsbedingungen durch das Hochladen übertragen werden[35]) können vor allem auch Persönlichkeitsrechte betroffen sein (Finanzbehörde Hamburg 2011, S. 100). So wie auf einer behördlichen Homepage die Offenbarung personenbezogener Daten im Regelfall unzulässig ist (strittig hinsichtlich der Mitarbeiterangaben z. B. in Geschäftsverteilungsplänen), gilt dies (ggf. erst recht) für eine Veröffentlichung in den sozialen Medien – es sei denn, es liegt eine (auch mutmaßliche) Einwilligung gerade für diese spezielle Verwertungsform vor (s. auch Frevert und Wagner 2011, S. 77).

Die – zum Teil – bestehenden Datenschutzbedenken sollten daher nicht als genereller Hinderungsgrund angesehen werden, zumal es derzeit Hauptmotivationsgrund öffentlicher Verwaltungen für die Errichtung von Social-Media-Accounts sein dürfte, einen weiteren Kanal zu eröffnen, über den klassische Presse- und Öffentlichkeitsarbeit betrieben werden kann, und diese Nutzungsform unter datenschutzrechtlichen Gesichtspunkten weitgehend unbedenklich ist. Aufgrund des Charakters der veröffentlichten Inhalte werden regelmäßig keine Rechte Dritter entgegenstehen. Vielmehr wird es sich um solche Inhalte handeln, die zweckmäßig für die Öffentlichkeit bestimmt und ohnehin auf anderem Wege verbreitet werden. Die gleiche Bewertung kann auch dem fachlichen Diskurs zu-

---

35 Zu diesem Aspekt Berberich 2010.

138   Implementierung der Social-Media-Strategie

grunde gelegt werden, da sich dieser ebenfalls ausschließlich auf solche Informationen bezieht, die der Öffentlichkeit zugänglich gemacht werden können – sei es auf einer Podiumsdiskussion, im Rahmen eines Zeitschriftenbeitrags oder aber im Internet.

Ähnlich sind auch die (abstrakt-generelle) Bürgerinformation und die Beantwortung von Bürgeranfragen zu bewerten, die sich auf allgemeine Basisinformationen (Ansprechpartner, zuständige Stellen, Öffnungszeiten, Adressen etc.) beziehen. Weitergehende Bürgeranfragen, die einen Bezug zu individuellen Verwaltungsverfahren aufweisen, eignen sich hingegen weniger für eine Kommunikation über soziale Medien, zumal regelmäßig personenbezogene Daten betroffen sein werden. Die Möglichkeit des Bürgers, über eine Pinnwand oder Kommentarfunktion interaktiv mit der Behörde zu kommunizieren, stellt für nicht für die Öffentlichkeit bestimmte Anfragen keine praktikable Kommunikationsmöglichkeit dar – sollte ein Bürger dennoch diesen Weg wählen, hat er (für seinen Beitrag) datenschutzrechtlich in die Veröffentlichung eingewilligt. Die behördliche Antwort sollte jedoch auf einem anderen – datenschutzrechtlich unbedenklichen – Kanal erfolgen; im öffentlichen Forum erscheint dann ein allgemeiner Hinweis. Und auch im Rahmen der internen Verwaltungskommunikation ist regelmäßig zu beachten, dass in Dokumenten, die zwar in abgeschlossenen Bereichen im Internet (gemeinsam) bearbeitet werden, keine personenbezogene Daten oder Amtsgeheimnisse enthalten sein dürfen, zumal der Datenzugriff durch den Plattformbetreiber (z. B. Google Docs) nicht grundsätzlich ausgeschlossen ist. Die Voraussetzungen einer (zulässigen) Datenübermittlung oder Auftragsdatenverarbeitung dürften in den wenigsten Fällen vorliegen.

5.3.5   *Social-Media-Nutzerkonten*

Ein weiteres Element, das es der öffentlichen Verwaltung erleichtern wird, soziale Medien professionell zu nutzen, ist die Sicherheit, dass Inhalte, die online verteilt werden, auch tatsächlich von einer anderen offiziellen Behörde verschickt wurden.

In der Regel ist der Benutzer-, Profil- oder Seitenname beim Anlegen eines Nutzerkontos in den sozialen Medien frei wählbar. Dies kann dazu führen, dass nicht sicherzustellen ist, wer sich hinter einem Account mit dem Namen einer Stadt oder Behörde tatsächlich verbirgt. Lediglich bereits registrierte Nutzernamen können nicht erneut verwendet werden. Daher gilt oft das Prioritätsprinzip. Deshalb empfiehlt es sich, bereits einen Account für die jeweilige Verwaltung anzumelden, auch wenn noch keine konkreten Vorhaben bestehen, einen speziellen Dienst in nächster Zeit aktiv zu nutzen (Krieg 2010, S. 76 f.). Wird die öffentliche Verwaltung durch einen anderen Nutzer, z. B. durch das sog. Grabbing, d. h. das Reservieren des entsprechenden Accounts (Rauschhofer 2009, S. 31), in ihren Namensrechten verletzt, besteht die Möglichkeit direkt beim Social-Media-Dienstleister anzufragen, inwieweit der Account-Name übertragen werden kann. Sollte die Anfrage über den Social-Media-Dienstleister nicht zum gewünschten Ergebnis führen, ist eine Abmahnung möglich[36] – angesichts der Tatsache, dass die meisten Anbieter oder diejenigen, die einen entsprechenden Account einrichten, nicht aus Deutschland stammen, erscheint die Rechtsdurchsetzung unter Umständen aber fraglich. Ein auf § 12 BGB gestützter Unterlassungsanspruch kann nur durchgesetzt werden, wenn die Identität des gegen das fremde Namensrecht Verstoßenden ermittelt werden kann, was jedoch nicht gerade einfach sein wird, da die einzelnen Nutzer weder überprüft noch, mit Ausnahme von speziellen „verified" Accounts (z. B. bei Twitter), verifiziert werden. Bei diesen verifizierten Accounts, die mit einem Siegel versehen sind, ist sichergestellt, dass wirklich die jeweilige Verwaltung hinter den veröffentlichten Informationen steht (Pfautsch u. a. 2011).

Verifizierte Twitter-Accounts sind aber aktuell (2013) in Deutschland, der Schweiz und Österreich nicht möglich. Soweit Social-Media-Dienste Verifizierungsmöglichkeiten anbieten, sollten diese genutzt werden, um den „amtlichen" Charakter der Informationen nach außen zu dokumentieren. Wenn die Möglichkeit eines verifizierten Accounts nicht besteht, kann eine Nachvollziehbarkeit durch wechselseitiges Verlinken von den Social-Media-Services auf die Behördenwebseite und vice versa hergestellt werden.

In den USA haben sich zwei weitere Validierungsmechanismen etabliert. So haben sich z. B. verschiedene Privatleute die Mühe gemacht, die ihnen bekannten Nutzerkonten in Wikis oder auf Webseiten zusammenzustellen. Dazu gehört z. B. *Steve Lunceford's* GovTwit.com Seite, die alle Twitter-Konten zusammenstellt, TweetCongress mit allen Twitter-Konten der Members of Congress oder auch GovSM.com, eine Wiki mit allen verfügbaren Social-Media-Accounts. Die Sunlight Foundation, ein Nonprofit-Unternehmen, stellt darüber hinaus alle jemals ausgesendeten – und gelöschten – Tweets aller Politiker ins Netz, um so größere Transparenz zu schaffen.[37] Weiterhin wurde von der General Services Administration (GSA) eine offizielle Lösung entwickelt: die sog. Social Media Registry, auf Deutsch übersetzt eine Datenbank zur Registrierung von offiziellen Social-Media-Nutzerkonten. Im deutschsprachigen Raum sind aktuell (2013) weder von

---

36 So hat die Stadt Mannheim eine Privatperson, die unter twitter.com/mannheim einen Account errichtet hatte, unter Berufung auf eigene Namensrechte abgemahnt; siehe Fügemann 2011.
37 http://politwoops.sunlightfoundation.com/

der Zivilgesellschaft noch von der Verwaltung selbst Register bekannt, welche die Nutzerkonten der Verwaltung listen.

Umgekehrt muss die Verwaltung selbst bzw. derjenige, der für diese twittert und bloggt, fremde Namensrechte bei seinen Tweets und Eintragungen in Blogs oder sozialen Netzwerken beachten. Bürger vertrauen darauf, von ihren offiziellen Vertretern vertrauenswürdige Informationen zu erhalten. Wenn also eine Behörde aus Versehen Inhalte weiterleitet, die von Spaß-Konten in Umlauf gebracht wurden, macht sich die Behörde schnell unglaubwürdig oder lächerlich. In Zukunft könnten Bürger dann sehr vorsichtig sein, mit dieser Behörde in Kontakt zu treten.

5.3.6 *Urheberrecht und Social-Media-Dienste*

Wenn die öffentliche Verwaltung twittert, bloggt oder auf Facebook präsent ist, kann es vorkommen, dass ihre Tweets oder Statusmeldungen von Dritten kopiert und an anderen Stellen im Internet verwendet werden. Denkbar sind Nachteile für die jeweilige Behörde oder Mitarbeiter, wenn einzelne Äußerungen aus dem Zusammenhang gerissen werden, da so Fehlinterpretationen begünstigt werden. Fraglich ist deshalb, ob Tweets, Blogbeiträge o. Ä. urheberrechtlich geschützt sind und der öffentlichen Verwaltung insofern eine Schutzposition zusteht. Im Fall des Bestehens eines Urheberrechtsschutzes benötigt ein Dritter, der einen Eintrag der öffentlichen Verwaltung verwenden will, grundsätzlich deren Genehmigung. Ein solcher urheberrechtlicher Schutz gilt jedenfalls nicht für die sog. Retweets. So wird die Wiederveröffentlichung eines fremden Tweets, um diesen zu bestätigen oder zu verbreiten, bezeichnet. Wäre dieses Verhalten durch den Urheberrechtsschutz der einzelnen Tweets verboten, gäbe es die Twitter unter anderem kennzeichnenden schnellen Verbreitungseffekte nicht. Deshalb ist anzunehmen, dass jeder, der selbst twittert, mit der Möglichkeit von Retweets, besonders, wenn der Ursprung der Tweets kenntlich gemacht wird, einverstanden ist bzw. konkludent einwilligt (Krieg 2010, S. 75 f.). Gleiches gilt für die Funktion des sog. Teilens bei Facebook und vergleichbare Funktionalitäten.

Umgekehrt müssen seitens der öffentlichen Verwaltung die Urheberrechte Dritter ebenfalls beachtet werden. Zudem ist zu berücksichtigen, dass regelmäßig die twitternden Mitarbeiter der Verwaltung selbst Urheber der von ihnen verfassten Tweets, Tweet-Sammlungen, Statusmeldungen oder Blogs sind, sofern diese Urheberrechtsschutz genießen. Denn gem. § 7 UrhG ist Urheber immer der Schöpfer des Werkes, also derjenige, der das Werk tatsächlich geschaffen hat, und nicht etwa eine Firma oder sein Auftrag- oder Arbeitgeber, also in diesem Fall die öffentliche Verwaltung. Deshalb sollte die Verwaltung sich die ausschließlichen Nutzungsrechte für die jeweiligen Werke frühzeitig von den Mitarbeitern durch vertragliche Abreden einräumen lassen (Decker 2010).

5.3.7 Haftungsfragen, insbesondere Umgang mit fremden Inhalten

Social Media bezieht seine Nutzer aktiv in lebendige Wertschöpfungsprozesse ein – sei es durch die erleichterte Produktion eigener Inhalte, Kommentare, Tags oder auch nur durch die virtuelle Präsenz. Es erlaubt einem zuvor auf passiven Konsum beschränkten Publikum, zum Schöpfer vielfältiger multimedialer Inhalte zu werden. Dies gilt nicht nur für die Verwaltung selbst, der es erleichtert wird, eigene Inhalte zu erstellen, ohne auf professionelle Homepage-Gestaltung und Ähnliches angewiesen zu sein, sondern auch für Nutzer, die derartige Inhalte auf Seiten der Verwaltung erstellen – z. B. Kommentare auf der Pinnwand einer Facebook-Seite der Verwaltung. Es besteht ein System gestufter nutzergenerierter Inhalte mit unterschiedlichen – mittelbaren und unmittelbaren – Verantwortlichkeiten der Beteiligten. Für eigene Inhalte enthalten die §§ 7 bis 10 TMG entsprechende Vorgaben, die auch für die öffentliche Verwaltung gelten (s. dazu Frevert und Wagner 2011, S. 77). Darüber hinaus muss sich die Verwaltung des Umgangs mit Fremdinhalten und der Verlinkung auf andere Akteure in einem vielschichtigen Netzwerk vergewissern (Hoffmann/Schulz/Brackmann 2012, S. 194).

Aus rechtlicher Sicht ist damit die Haftung für rechtswidrige Fremdinhalte bzw. eine Haftungsvermeidungsstrategie der öffentlichen Verwaltung angesprochen. Konkret: Kann eine Behörde dafür haftbar gemacht werden, wenn auf dem von ihr betriebenen Account einer Plattform rechtswidrige Kommentare, Links o. Ä. seitens Dritter hochgeladen werden? (Finanzbehörde Hamburg 2011, S. 101). In Betracht kommt eine Haftung als Mitstörer für Fremdinhalte (Nieland 2010; Roggenkamp 2010, S. 208 ff.), zumal der Account-Inhaber verpflichtet ist, offensichtlich rechtswidrige Inhalte unverzüglich zu entfernen und den Zugang hierzu zu sperren, sobald er hiervon Kenntnis erlangt (Finanzbehörde Hamburg 2011, S. 101). Daneben kann auch eine in die Zukunft gerichtete Unterlassungspflicht treten. Die öffentliche Verwaltung sollte Maßnahmen ergreifen, die aber ohnehin mit den Reaktionszeiten des Web 2.0 und dem Anspruch der Nutzer, aktuelle Informationen zu erhalten, korrespondieren. Bereits aus diesem Grund müssen Social-Media-Accounts regelmäßig moderiert sein und sachgerechte Lösungen außerhalb der Geschäftszeiten gefunden werden. Hinzu kommt, dass bestimmte Löschungen oder Veränderungen bestehender Inhalte nur im Einverständnis mit dem Plattform-Betreiber möglich sind – soweit dieser Umstand dazu

142 Implementierung der Social-Media-Strategie

führt, dass die Behörde ihren Pflichten nicht nachkommen kann, scheidet ggf. die Nutzung derartiger Dienste bzw. bestimmter Funktionalitäten grundsätzlich aus (z. B. kann die Pinnwand-Funktion auf einer Facebook-Seite deaktiviert werden). Beachtet werden muss, dass die Verwaltung als Hoheitsträger besonderes Vertrauen der Bürger genießt und grundgesetzlich verpflichtet ist, rechtmäßig zu handeln. Deshalb treffen die Verwaltung umfassendere Prüfpflichten als wirtschaftliche Unternehmen (Frevert und Wagner 2011, S. 78). Dennoch können (dürfen) nur rechtswidrige Beiträge gelöscht werden. Die Möglichkeit der Löschung einzelner Beiträge darf kein Mittel sein, um kritische Beiträge von Bürgern zu tilgen. Äußerungen, die von der Meinungsfreiheit geschützt sind, dürfen nicht entfernt oder der Zugang hierzu nicht verhindert werden (Hoffmann/Schulz/ Brackmann 2012, S. 195). Eine andere Handhabung entspräche zudem nicht der Intention der Ermöglichung von Partizipation und eines fachlichen Diskurses. Im Rahmen der Moderation behördlicher Seiten muss daher die Grundrechtsbindung Beachtung finden, die dem virtuellen Hausrecht (dazu Karavas 2007, S. 18 ff.), das auch der Verwaltung zukommt, Grenzen setzen kann (Roggenkamp 2010, S. 236 ff.).

Von den Fremdinhalten sind Verlinkungen auf andere Homepages abzugrenzen, die wiederum eigenes Verhalten der Behörde darstellen und eigenen Regeln unterliegen. Links stellen zwar grundsätzlich ein sozialadäquates Verhalten ohne Haftungsfolgen dar. Wo der Inhalt der verlinkten Seite aber nach den Gesamtumständen auch dem Verlinkenden zuzurechnen ist, kommt eine Haftung als Mitstörer in Betracht. Zudem sind die für Werbung geltenden Grundsätze sowie das staatliche Neutralitätsgebot zu beachten. Auch durch einen Haftungsausschluss, einen sog. Disclaimer, kann die öffentliche Verwaltung sich nicht von ihrer Prüf- und Beobachtungspflicht befreien (Frevert und Wagner 2011, S. 78).

5.4 Nutzungsvereinbarungen mit Social-Media-Anbietern

Soziale Medien sind Webservices, die von Drittanbietern zur Verfügung gestellt werden. Die meisten Plattformen erlauben es den Nutzern, den Dienst kostenlos zu nutzen. Im Gegenzug werden kontextrelevante Werbeanzeigen automatisch in den Newsfeed eingefügt, die sich auf die Inhalte der eigenen Beiträge beziehen. Alle Nutzer stimmen diesem Vorgehen durch eine schnelle – unbedachte – Bestätigung vor der ersten Nutzung zu.

Die meist sehr aufwendig gestalteten Nutzungshinweise stellen über Seiten hinweg fest, was die Nutzungsbedingungen der Anbieter umfassen. Neben der kontextrelevanten Werbung gehören dazu oftmals auch die Datenspeicherung der

Netzwerkbeziehungen und -kontakte sowie die Nutzung der geposteten Inhalte für eigene Zwecke. Einige dieser Nutzungsbedingungen widersprechen jedoch der Nutzung durch die öffentliche Verwaltung. Z. B. könnte Werbung für einen Immobilienberater auf einer Facebook-Seite einer Planungsbehörde von den Bürger als unlautere Werbung und Vorteilsnahme interpretiert werden, wenn sie denken, dass die öffentliche Stelle diese billigt oder selbstinitiiert hat.

Des Weiteren sollten öffentliche Verwaltungen auch mit den Dienstanbietern aushandeln, wie sie ihre eigenen Daten archivieren und zugänglich machen können. Diese Themen sind nicht Teil der standardisierten Nutzungsbedingungen privater Nutzer und müssen deshalb auf den Kontext der öffentlichen Verwaltung angepasst werden. Z. B. hat die General Services Administration (GSA) – eine US-Bundesbehörde, zuständig für die sichere Nutzung von sozialen Medien in der US-Bundesregierung – verwaltungskompatible Nutzungsbedingungen mit allen großen Social-Media-Anbietern ausgehandelt. Die Dokumente sind frei zugänglich auf der GSA HowTo.gov-Webseite zu finden. Alle anderen US-Bundesbehörden können die Vorlagen nutzen und mit Hilfe ihrer eigenen Rechtsabteilung die modifizierten Nutzungsbedingungen ebenfalls unterschreiben (GSA 2010). In den USA hat diese Entwicklung dazu geführt, dass sich Behörden darin bestärkt gefühlt haben, die Nutzung sozialer Medien einzuführen.

6 Neue Rollen und Führungsstile für die Organisation

Die radikalsten Ideen unserer Zeit sind nicht wirklich neu, trotzdem aber revolutionär: Bertolt Brecht forderte schon 1927 in einem Rundfunkexperiment: „Hörer sollen zum Mitspieler werden." Seine utopische Vision, den Rundfunk aus einem „Distributionsapparat in einen Kommunikationsapparat zu verwandeln" und von einem Kommunikationsmedium zu einem Speichermedium, ist heute wahr geworden und noch mehr: Das Internet erlaubt neue, andere Formen der kollektiven Koproduktion und verändert Staat, Wirtschaft und Zivilgesellschaft. Das Revolutionäre daran sind nicht die neuen Technologien, sondern die neuen Denk- und Arbeitsweisen, die sie ermöglichen und bedingen. Und das bedeutet: Wir brauchen eine neue Führungskultur, wenn wir die Potenziale von sozialen Medien nutzen wollen. Das ist allerdings alles andere als trivial.

Bis ins 21. Jahrhundert konnten Nutzer im World Wide Web zwar nach Informationen suchen, welche zuvor bereitgestellt worden waren – eine Änderung dieser Daten bzw. kollaborative Arbeit war zu dieser Zeit jedoch nur sehr eingeschränkt möglich. Mit dem Web 2.0 bzw. dem Phänomen Social Media hat sich das World Wide Web aber immer mehr zu einer interaktiven Plattform entwickelt, auf der sich jeder nach seinen Möglichkeiten und Bedürfnissen einbringen kann. Einfache Kommunikation, Diskussionen in Online-Foren oder auch die gemeinsame Arbeit mit verschiedenen Personen an Projekten wurden bzw. werden durch die Entstehung und Weiterentwicklung interaktiver Anwendungen wie z. B. Blogs, Foren, Wikis, Chats aber auch soziale Online-Netzwerke ermöglicht. Die Veränderung des Internets sowie dessen Öffnung und Weiterentwicklung zum Massenphänomen, stellte den Ausgangspunkt für die Fragestellungen in diesem Buch dar.

Denkgewohnheiten abzulegen ist viel schwerer als sich mit einer neuen Technologie anzufreunden. Wir brauchen hierzu neue Formen des strategischen Managements und der Führung. Da Wertschöpfung heute digital stattfindet, haben wir es bei Social Media mit mehr als nur einer neuen Medienlandschaft zu tun. Vielmehr handelt es sich um eine gesellschaftliche Zeitenwende und das erleben wir tagtäglich, ob bei den Demonstrationen in Stuttgart oder bei den Revolutionen in Tunesien oder Ägypten. Denn soziale Medien sind nicht nur ein Kommunikationsapparat, sondern auch eine Produktionsplattform und ein Organisationstypus. Die am schnellsten wachsenden Unternehmen basieren auf der informellen Mitarbeit von ca. 100 Millionen „Vollzeit-Mitarbeitern" pro Tag (1 Mrd. Nutzer, die im Durchschnitt 45 Minute am Tag auf Facebook verbringen). Google benötigt eine Milliarde Klicks pro Tag, um den eigenen Suchalgorithmus konstant zu verbessern. Die „schöne neue Welt" der sozialen Medien stellt unser Denken über strategisches Handeln auf den Prüfstein.

6.1 Von der Massen- zur offenen Gesellschaft

Rein technisch gesehen handelt es sich bei Social Media um Datenbankaustauschformate, Publikations- und Kollaborationsplattformen. Praktisch ermöglichen sie uns, bei radikal gefallenen Transaktionskosten gemeinsam ohne einen aufwändigen Organisations-Overhead aktiv zu werden. D. h., die Situationslogik, in der wir uns befinden, ändert sich. Beispiele dafür sind: der Maerker Brandenburg, eine Webseite, die lokales Wissen (Infrastrukturprobleme wie Schlaglöcher etc.) bündelt und an die Verwaltung weitergibt, verbunden mit einem konkreten Service-Versprechen. Ushahidi, eine server-basierte Software, die es ermöglicht, in Krisen dezentral verfügbare Informationen zu aggregieren (z. B. Erdbeben in Haiti, Wahlen in Kenia). Mitfahrzentrale.de, eine Web-Plattform, die individuelle Autofahrten zu einem integrierten Verkehrsangebot aggregiert und inzwischen wichtigster Wettbewerber der Deutschen Bahn geworden ist.

Die Möglichkeit, Gemeingüter wie Infrastruktur, Sicherheit oder soziale Absicherung bereitzustellen, ist durch die Koordinierungskosten einzelner Transaktionen beschränkt. Seit jeher versucht das Management im Rahmen gegebener Situationen, diese Transaktionskosten zu minimieren. Große historische Innovationen im Bereich der Organisationstheorie wie die Idee der juristischen Person, das Konzept effizient allozierender Märkte, der Rechtsstaat und die von Max Weber beschriebene moderne Verwaltung ermöglichen die komplexen Organisationstrukturen, die wir heute als normal ansehen. Erst durch Hierarchien und Märkte hat sich die Menschheit durch die Jahrtausende zu dem entwickelt, was wir heute sind. Ein Medium, das zu einem Kommunikationsapparat geworden ist, kann Organisation radikal verändern.

Mit sozialen Medien hatte selbst der Vater der Transaktionskostentheorie, Ronald Coase, nicht gerechnet. Er ging davon aus, dass bei fallenden Transaktionskosten die hierarchisch organisierte Organisation wachsen würde. Das spannende an sozialen Medien ist aber, dass offene Prozessketten, die weder hierarchisch beherrscht noch durch Markttransaktionen geleitet sind, inzwischen wichtige Grundbedürfnisse weltweit abdecken. Vom Wissensmanagement (Wikipedia) über Nah- und Fernverkehr (Mitfahrzentrale.de) bis zur Krisenkommunikation (Ushahidi) können heute Einzelpersonen globale Gemeingüter aufsetzen.

Soziale Medien ermöglichen also Transformationen historischen Ausmaßes ähnlich revolutionär wie die gesellschaftlichen Umwälzungen in Europa, die durch den Buchdruck im 15. Jahrhundert befördert wurden. Digitalisierung, offene Standards und Kollaborationsplattformen reduzieren Transaktionskosten so radikal, dass netzwerkartige, „flüssigere" Organisationsformen möglich werden: Transparenz und Schnittstellen zu Fachleuten und zu Bürgern, zu lokal spezifischem Wissen erlauben völlig neue Formen von Verwaltungshandeln und neue Wertschöpfungsketten. In einer Welt, in der wir Politik und Verwaltung als offene Plattformen verstehen, brauchen wir dabei jedoch Strategen, die sich dieser neuen Logik bedienen. Denn Technologien allein verändern nicht viel. Erst Technologien in Kombination mit neuen Paradigmen verändern unsere Gesellschaft.

Mit dem „Konzept" E-Government allein, also der IT-Unterstützung für Prozesse und Aufgaben und mit Prozessreorganisation, können diese Herausforderungen nicht bewältigt werden. E-Government stellt die Art und Weise des Regierens und Verwaltens nicht ganzheitlich auf den Prüfstand, sondern begnügt sich allzu oft mit dem Ergebnis einer partiellen Neujustierung entlang technischer und gesellschaftlicher Kontexte.

Um im 21. Jahrhundert erfolgreich Werte zu schöpfen, bedarf es vielmehr des strategischen Einsatzes von Offenheit: Nur wem es gelingt, das implizite Wissen der Mitarbeiter durch soziale Medien mit zu nutzen *und* nicht in der Organisation beschäftigte Beteiligung zu organisieren, wird erfolgreich Zukunft mitgestalten können. Dies gilt sowohl für Unternehmen als auch für die Zivilgesellschaft, sowohl für die Politik als auch für die Verwaltung.

6.2   Offene Staatskunst

Das Konzept der „offenen Staatskunst" kann dieses Thema angehen. In dem Konzept spiegelt sich das Versprechen einer strukturierten Offenheit, die als strategische Option von Entscheidungsträgern in unterschiedlichsten Organisationsformen eingesetzt werden kann und substantielle Partizipationstrukturen einschließt. Auch wenn es zunächst kontraintuitiv erscheint, den Gedanken von Öffnung und Partizipation mit der hierarchisch strukturierten, oft hinter geschlossenen Türen ablaufenden Kunst der Staatslenkung zu verbinden – es dürfte schnell klar werden, dass dies das einzig Sinnvolle ist, um den Herausforderungen des neuen Jahrtausends adäquat zu begegnen.

Die drei Dimensionen von Offenheit

Die Fragen, die sich strategische Entscheider in Organisationen stellen müssen, sind: Wie kann ich Offenheit strategisch einsetzen, um Wertschöpfung zu ermöglichen? Wie organisiere und manage ich die kollaborierenden Communities? Und: Welche Applikationen bzw. welche konkreten Applikations-Interfaces muss ich definieren, um neue Formen der Kollaboration zu ermöglichen?

Die erste Frage ist strategisch, die zweite operativ und die dritte technisch. Nur wenn alle drei Dimensionen zusammengeführt werden, kann Offenheit erfolgreich zur Wertschöpfung beitragen. Es gibt viele Beispiele, bei denen auf der technischen Ebene Offenheit hergestellt wurde, dies aber nicht mit der strategischen und operativen Ausrichtung zusammenpasste, wie z. B. in vielen Wissensmanagementprojekten der 1990er-Jahre. In anderen Fällen gab es den strategischen Willen und die technische Umsetzung, die Projekte scheiterten hier jedoch im operativen Community-Management, z. B. scheiterten Bürgerhaushalte an zu geringer Partizipation der Bürger. Gerne wird an dieser Stelle über Politikmüdigkeit philosophiert, auch wenn es sich meist um fehlendes Community-Management handelt. Aber auch Projekte, die technisch sauber und operativ erfolgreich geführt worden sind, scheitern, wenn sie nicht strategisch in die Ziele der Organisation eingebunden werden. Das OpenOffice-Projekt bei Oracle kann als beispielhaft bezeichnet werden. Strategische Offenheit, die nicht in allen drei Dimensionen funktioniert, muss scheitern.

Die Organisation von Offenheit muss deshalb aus den zuvor genannten Gründen Kernaufgabe der Führungsebene sein. Dabei muss die strategische Ausrichtung (Warum offen?) mit der operativen (Wer ist zuständig? Wie sichern?) und der technischen (Welche Applikations-Interfaces?) in Einklang gebracht werden. Nur, wenn wir es schaffen, die Logik von Offenheit zu internalisieren, können wir sie wirksam als Organisationsform einsetzen. Dazu braucht es mehr als ein Lippenbekenntnis zu sozialen Medien.

7 Zusammenfassung und Ausblick

Die einzelnen Fallstudien haben gezeigt, dass soziale Medien in allen Phasen des Policy-Zyklus – Initiierung, Formulierung, Implementierung und Evaluierung – das Regierungs- und Verwaltungshandeln verändern können. Die Frage, wie man Social Media einsetzt, um die Ziele der Organisation zu erreichen, ist heute die Schlüsselfrage für strategisches Regierungs- und Verwaltungshandeln. Ganz praktisch heißt das, dass die oberste Führungsebene sich in allen Verwaltungseinheiten mit folgenden Themen auseinandersetzen muss:

Design offener Wertschöpfungsketten und Gestaltung von offenen Ökosystemen: Welche Schnittstellen in der Wertschöpfungskette kann ich schaffen, um die Effektivität und Legitimität meiner Prozesse zu erhöhen, indem ich lokales Wissen, Amateure, Experten und Stakeholder integriere? Wie setze ich dies auf der strategischen, der operativen und der technischen Ebene um? In welchem Ökosystem bewege ich mich? Wer/was sind andere Organisationen/Prozesse, die mit mir in Symbiose leben? Welche Daten kann ich freigeben, sodass Dritte Mehrwertdienste anbieten können? Wie kann meine Organisation davon profitieren?

Community Management und Organisationskultur verändern: Wie manage ich die Beziehungen zu den „Communities", damit diese nachhaltig im Prozess Wert schaffen? Wie stelle ich sicher, dass Dritte, nicht vertraglich an meine Prozesse gebundene Akteure bereit sind, mitzuarbeiten? Wie kann ich sie in strategische Entscheidungsprozesse einbinden? Wie nutze ich Social Media für mein Wissensmanagement? Wie animiere ich meine Mitarbeiter, offene Wertschöpfungsketten zu fördern? Wie setze ich persönlich Social Media ein? Wie definiere ich Social-Media-Policies in meiner Organisation?

8   Social Media Index

Applikation

Eine Applikation oder App ist eine Softwareanwendung im Internet mit Funktionen, die früher nur Offline-Anwendungen leisten konnten. Der Begriff wurde vor allem durch die Nutzung von Smartphones verbreitet, wird aber inzwischen auch für Programme auf stationären Geräten verwendet.

Blogs – z. B. Wordpress

Ein Blog ist ein Publikationsinstrument im Internet, mit dem man Inhalte ausführlich darstellen und damit auch das eigene Handeln durch Hintergrundinformationen genauer erklären kann. Diese werden chronologisch aufgelistet, können von den Nutzern gelesen und kommentiert werden und dadurch eine Diskussion zwischen Autor und Nutzern anregen. Oftmals werden Einträge in Blogs durch Fotos oder Videos aufgefrischt und beinhalten Verknüpfungen zu Beiträgen, die ein Thema tiefergehend behandeln.

Ein Blog kann zu den verschiedensten Themen aufgesetzt und inner- sowie außerhalb der Verwaltung genutzt werden. Es benötigt auch in der Verwaltung viel Pflege, damit der Informationsfluss nicht abreißt. Vor allem die Vielzahl an unangemessenen oder nicht themenbezogenen Kommentaren kann die Administration eines Blogs aufwendig gestalten. Wordpress und Google's Blogger sind die gängigsten Anbieter zur schnellen, einfachen und kostenlosen Erstellung eines Blogs oder einer Website. Während Veranstaltungen kann auch ein Live-Blog eingerichtet werden, der parallel und ad hoc zu einem bestimmten Ereignis entsteht.

Feed

Ein Feed ist eine Form der elektronischen Nachrichten. In der Regel kann man einen News-Feed auf Webseiten abonnieren. Dieser Feed informiert den Nutzer automatisch, wenn es neue Inhalte auf der Webseite gibt.

Forum

Ein Forum ist eine nutzergenerierte Einrichtung im Internet, auf der jeder mit jedem über ein bestimmtes Thema diskutieren kann, das von den Nutzern vorgegeben wird.

Fotoplattformen – z. B. Flickr, Instagram

Auf zahlreichen Webseiten können Nutzer Fotos hochladen und mit anderen Menschen teilen. Fotos und Alben können mit weiteren Informationen, Geodaten oder auch anderen befreundeten Nutzern verknüpft werden. Je nach Einstellung sind die Fotos nur einer bestimmten Gruppe von Kontakten oder frei im Internet zugänglich.

Bei der größten Foto-Website, Flickr, können als frei zugänglich veröffentlichte Fotos auch von nicht registrierten Nutzern eingesehen werden. Nutzer können ihren Fotos bestimmte Schlüsselwörter zuordnen, wodurch man das komplette Netzwerk – vergleichbar mit den „Hashtags" bei Twitter – nach ähnlich beschriebenen Fotos durchsuchen kann.

Instagram ist eine Anwendung für mobile Endgeräte wie Smartphones, mit der sich Fotos machen, bearbeiten und teilen lassen. Vor allem die Vielzahl an Filtern macht die schnelle Fotobearbeitung mit Instagram attraktiv. Fotos können dabei im eigenen Instagram-Netzwerk, aber auch auf anderen Plattformen wie Facebook oder Twitter veröffentlicht werden.

Microblogs – z. B. Twitter

Der Onlinedienst Twitter ist ein sog. Microblog. Microblogging ist eine Form der Kommunikation, bei der die Benutzer kurze, SMS-ähnliche Textnachrichten oder Links auf längere Texte, Bilder oder Videos veröffentlichen können. Auf Twitter im Speziellen haben Nutzer die Möglichkeit, kurze Nachrichten („Tweets") mit insgesamt 140 Zeichen zu veröffentlichen, denen sie noch Fotos oder Links anhängen können. Diese Tweets können weitergeleitet („Retweet") oder mit größeren Oberthemen verbunden werden („Hashtags"). Durch die Suche nach bestimmten Hashtags können so schnell alle Einträge zu einer bestimmten Themengruppe erfasst werden. Zusätzlich kann man auch direkt anderen Nutzern folgen, wodurch einem die Tweets dieser Nutzer auf der eigenen Startseite angezeigt werden.

Microblogs bieten der Verwaltung die Möglichkeit, Neuigkeiten, Veranstaltungen oder Echtzeitberichte schnell zu veröffentlichen, deren Verbreitung zu beobachten und direktes Feedback einzuholen. Dadurch kann unmittelbar auf Fragen und Anregungen reagiert werden. Außerdem lassen sich durch moderne Analysewerkzeuge themenbezogene Trends in der Bevölkerung frühzeitig erkennen, anhand derer sich die Verwaltung dann orientieren kann. Hierfür ist es wichtig, sich rund um die Uhr um das Konto zu kümmern, schnell zu reagieren und das aktuelle Geschehen im Auge zu behalten.

Social Media

Social Media ist ein Sammelbegriff für alle (neuen) Medien, die einen zweiseitigen Austausch ermöglichen. Sie sind deswegen „soziale Medien", weil sie es wie im realen Leben ermöglichen, Beziehungen im Internet wechselseitig aufzubauen. Solche Beziehungen können auch zwischen Gruppen aufgebaut werden. Die spezifische Organisationsstruktur eines sozialen Mediums hängt vom entsprechenden Design ab und beeinflusst maßgeblich, auf welche Weise die Nutzer miteinander in Verbindung treten und kommunizieren.

Social Networking Services (SNS) – z. B. Facebook, studiVZ, Google+

Soziale Netzwerke sind eine Form von Social Media, bei der Menschen Informationen über sich ins Internet stellen, Freunde finden, sich in Gruppen organisieren und als Individuen oder in Gruppen kommunizieren. Dabei können Profile von individuellen Nutzern, aber auch von Organisationen angelegt werden. Außerdem lassen sich Gruppen oder Veranstaltungen erstellen, die die Organisation und Kommunikation der Teilnehmer eines sozialen Netzwerkes vereinfachen. Als größtes Netzwerk weltweit kann man mit Facebook die meisten Personen erreichen. Daneben existieren jedoch noch zahlreiche kleinere, regionale Netzwerke, wie z. B. studiVZ in Deutschland.

Das soziale Netzwerk von Google, Google+, ist dahingegen wie Facebook global ausgerichtet, folgt jedoch einer anderen Logik als Facebook. Bei Google+ stehen nicht die Nutzer mit ihren Profilen im Mittelpunkt, sondern die von ihnen veröffentlichten Beiträge. Nutzer organisieren ihre Kontakte auf Google+ in verschiedenen, sich teils überschneidenden Kreisen. Die Kreise spiegeln die Art der Beziehung oder ein gemeinsames Interessengebiet wider. So lassen sich Inhalte gezielt mit bestimmten Nutzergruppen teilen.

Die Verwaltung kann mithilfe von sozialen Netzwerken ihre eigenen Tätigkeiten öffentlichkeitswirksam darstellen. Sie erhöhen den Verbreitungsgrad von Informationen zum Regierungs- und Verwaltungshandeln und eröffnen zusätzlich die Möglichkeit, mit der Öffentlichkeit zu interagieren, indem ähnlich wie in Blogs, Kommentare und Diskussionen ermöglicht werden. Genauso können Social Networking Services (SNS) intern genutzt werden, um die übergreifende Zusammenarbeit einer Behörde zu vereinfachen und den Informationsaustausch zu erhöhen.

Karrierenetzwerke – z. B. Xing, LinkedIn

Als spezielle Art von SNS bieten Karrierenetzwerke wie Xing für den deutschsprachigen Raum oder das internationale Netzwerk LinkedIn Unternehmen und individuellen Nutzern eine Plattform, um ihre beruflichen Netzwerke zu pflegen und zu erweitern. Um dies zu vereinfachen, sind Karrierenetzwerke in verschiedenen Themengruppen organisiert, denen die Nutzer beitreten können. Ein typisches Profil beinhaltet den beruflichen Werdegang, Abschlüsse sowie weitere Merkmale, die den Nutzer für das Netzwerk und den Arbeitsmarkt im Allgemeinen empfehlen.

Die öffentliche Verwaltung kann Karrierenetzwerke zur zielgerichteten Rekrutierung von neuem Personal, aber auch allgemein zum Ausbau eines professionellen Netzwerks nutzen. Durch die Suche nach bestimmten Kriterien können dabei gezielt Nutzer mit einem gewünschten Profil gefunden und kontaktiert werden. Des Weiteren kann die öffentliche Verwaltung auch eigene Unternehmensprofile erstellen um Informationen zu Strukturen und Ansprechpartnern bereit zu stellen und sich damit auch für potenzielle Bewerber attraktiv zu präsentieren.

Plattform

Eine Plattform bezeichnet im IT-Bereich eine offene Aktionsfläche, auf der sich Bürger und Verwaltung frei organisieren und zusammenarbeiten können. Die Plattform strukturiert dabei diese Arbeits- und Kommunikationsprozesse idealerweise nicht vor, sondern stellt nur die dazu notwendigen Werkzeuge zur Verfügung.

Social Media Index 155

Tagging

Social-Media-Plattformen wie zum Beispiel Facebook erlauben ihren Mitgliedern Inhalte mit sogenannten Tags zu versehen. Das sind Schlüsselwörter, die mit einem Hyperlink verbunden sind und den Inhalte (wie zum Beispiel ein Foto oder einen Text) mit einer anderen Webseite, oder dem Profil eines Nutzers verknüpfen. Tags sind durchsuchbar und verknüpfen somit alle Inhalte die mit dem Schlüsselwort versehen wurden in einer Suchmaske.

Videoplattformen – z. B. YouTube

Das Internet bietet zahlreiche Plattformen, auf denen Videos angeschaut, hochgeladen und kommentiert werden können. YouTube, das inzwischen zu Google gehört, stellt dabei die bekannteste Plattform dar.

Die Verwaltung kann Videoplattformen zur Kommunikation mit und zur Information der Öffentlichkeit nutzen. Videos haben den Vorteil, durch eine gute visuelle Unterstützung Themen verständlicher darzustellen und somit auch einem jüngeren Publikum zu präsentieren. YouTube bietet als besonderen Dienst die Möglichkeit, einen eigenen Kanal zu erstellen, auf dem die eigenen Videos übersichtlich geordnet auf einer individualisierbaren Seite bereitgestellt werden. Seit Kurzem können über den Dienst Mozilla Popcorn Maker dynamische Videos erstellt werden, die z. B. die Interaktion mit Geodaten zulassen.

Wikis – z. B. Wikipedia

Der Begriff Wiki beschreibt ein bestimmtes System zur Aufbereitung, Darstellung und Verknüpfung von Informationen. Ein Wiki ist eine gemeinsame Arbeitsfläche, deren Inhalt die Nutzer ändern, kommentieren oder über sie diskutieren können. Wikis werden zur Erstellung von Nachschlagewerken verwendet, in denen alle definierten Begriffe miteinander verknüpft sind. Kommentare und Diskussionsbeiträge zu den jeweiligen Artikeln werden auf gesonderten Seiten erörtert, um die Lesbarkeit der Inhalte nicht zu mindern.

Ein Wiki kann intern oder extern für eine Verwaltung von Nutzen sein. So kann bei der internen Nutzung ohne Hürden gemeinsam an Dokumenten und Ideen gearbeitet und verwaltungsinternes Wissen anschaulich dokumentiert werden. Extern können sich die Bürger über die Verwaltung oder bestimmte Projekte informieren, aber auch aktiv an den Prozessen einer Verwaltung mitwirken, indem sie zur Diskussion über die jeweiligen Inhalte beitragen.

9 Literaturhinweise

EPA (2012): Should you respond on EPA's behalf? Questions to guide my decision – Use with "Representing EPA Online, available online: http://www.epa.gov/irmpoli8/policies/respond.pdf

GSA. 2010. Landmark Agreements Clear Path for Government New Media. In GSA #10572, edited by U.S. General Services Administration. Washington, D.C.: GSA.

HowTo.Gov: Negotiated Terms of Service Agreements: http://www.howto.gov/web-content/resources/tools/terms-of-service-agreements/negotiated-terms-of-service-agreements

Kuhn, C. (2007): Web 2.0. Auswirkungen auf internetbasierte Geschäftsmodelle. Hamburg: Diplomica Verlag

Mergel, I. (2010). Government 2.0 Revisited: Social Media Strategies in the Public Sector. PA Times, 33(3), 7 & 10, available online: http://faculty.maxwell.syr.edu/iamergel/files/Gov20_Revisited_2010.pdf

Mergel, I. (2012): A Manager's Guide to Designing a Social Media Strategy, Special Report Series, IBM Center for the Business of Government, available online: http://www.businessofgovernment.org/sites/default/files/Social%20Media%20Strategy%20Brief0.pdf

Schulz, S. E. (2011): Social Media Guidelines für die öffentliche Verwaltung, in: Schliesky/Schulz (Hrsg.), Transparenz, Partizipation, Kollaboration – Web 2.0 für die öffentliche Verwaltung, 2012, S. 121-162.

Schulz, , S. E., Hoffmann, C. (2010): Grundrechtsrelevanz staatlicher Beobachtungen im Internet – Internet-Streifen der Ermittlungsbehörden und das Autorisierungskonzept des BVerfG, in: CR 2010, S. 131-136.

Hoffmann, C. (2011): Optimierung des behördeninternen Wissensmanagements durch kollaborative Web 2.0-Anwendungen, in: Schliesky/Schulz (Hrsg.), Transparenz, Partizipation, Kollaboration – Web 2.0 für die öffentliche Verwaltung, 2012, S. 87-99.

Hawellek, C., Heinemeyer, C. (2012): Polizei Hannover setzt Personen-Fahndung wegen datenschutzrechtlicher Bedenken aus, in: ZD-Aktuell 2012, 02730.

Wedde, P. (2011): Neue Entwicklungen im Internet und Auswirkungen auf Arbeitnehmer, in: AiB 2011, S. 287-291.

Langer, U. (2010): Twitter-Splitter: Rechtsfragen beim Twittern, in: mediummagazin 03/2010, S. 14-15; abrufbar unter www.mediummagazin.de/twitter-splitter/rechtsfragen-beim-twittern/

Karg. M., Thomsen, S. (2011): Datenschutzrechtliche Bewertung der Reichweitenanalyse durch Facebook vom 19. 08. 2011, abrufbar unter www.datenschutzzentrum.de (zitiert als ULD 2011).

Unabhängiges Landeszentrum für Datenschutz (2011a): Ergänzende Stellungnahme des ULD vom 30. 09. 2011, abrufbar unter www.datenschutzzentrum.de.

Schulz, S. E., Hoffmann, C., Brackmann, F. (2011): Web 2.0 in der öffentlichen Verwaltung: Twitter, Facebook und »Blogs« aus rechtlicher Perspektive, in: Schliesky/Schulz (Hrsg.), Transparenz, Partizipation, Kollaboration – Web 2.0 für die öffentliche Verwaltung, 2012, S. 163-208.

Spindler, G. Nink, j. (2011), Kommentierung zu § 12 TMG, in: Spindler/Schuster (Hrsg.), Recht der elektronischen Medien, 2011.

Piltz, C. (2011): Der Like-Button von Facebook, in: CR 2011, S. 657-664.

Facebook (2011): Stellungnahme zum Arbeitspapier des ULD, Fakten von Facebook; Tischvorlage zur Sitzung des Innen- und Rechtsausschusses des Schleswig-Holsteinischen Landtags vom 07. 09. 2011, LT-Umdruck 17/2684.

Weigert, M. (2011): Meilenstein: Facebook hat 20 Millionen aktive Nutzer in Deutschland, Meldung vom 01. 06. 2011, abrufbar unter www.netzwertig.com/2011/06/01/meilenstein-Facebook-hat-20-millionen-aktive-nutzer-in-deutschland/

Finanzbehörde Hamburg (2011): Social Media in der Hamburgischen Verwaltung: Hinweise, Rahmenbedingungen und Beispiele, abrufbar unter www.hamburg.de

Frevert, T., Wagner, O. (2011): Rechtliche Rahmenbedingungen behördlicher Internetauftritte, in: NvWZ 2011, S.76-82.

Ebert-Weidenfeller, A. (2010), Kommentierung zu § 4 UWG, in: Götting/Nordemann (Hrsg.), UWG-Handkommentar, 2010.

Berberich, M. (2010): Der Content „gehört" nicht Facebook! AGB-Kontrolle der Rechteeinräumung an nutzergenerierten Inhalten, in: MMR 2010, S. 736-741.

Venzke, S. (2011): Social Media Marketing, in: DuD 2011, S. 387-392.

Müller, P.S., Schulz, S. E. (2011): Die drei Dimensionen von Social Media Policy, Blogbeitrag v. 06. 10. 2011; abrufbar unter www.government2020.de.

Klessmann, J., Gorny, D. (2011): Soziale Medien im öffentlichen Sektor – Best Practice für Richtlinien, in: Schliesky/Schulz (Hrsg.), Transparenz, Partizipation, Kollaboration – Web 2.0 für die öffentliche Verwaltung, 2012, S. 101-119.

Krieg, H. (2009): Impressumspflicht bei Twitter?, in: Heckmann/Bräuti¬gam (Hrsg.), AnwZert ITR 10/2009, Anm. 3.

Krieg, H. (2010): Twitter und Recht, in: K&R 2010, S. 73-77.

Rauschhofer, H. (2009): Twitter und Paragrafen, in: Internet World BUSINESS, 24/2009, S. 30-31.

Pfautsch, S. u. a. (2011): Die Gefahren des Microblogging-Dienstes Twitter, Zu Risiken und Nebenwirkungen, abrufbar unter www.heise.de/ix/artikel/Zu-Risiken-und-Nebenwirkungen-794682. html

Fügemann, F. (2011): Stadt Mannheim will Twitter-User verklagen, Mikogo-Gründer ignoriert Unterlassungsverpflichtungserklärung, abrufbar unter www.pressetext.com/news/20100122018.

Decker, F. (2010): Rechtsfragen rund um Twitter, Teil 1: Der Benutzername, das Profilbild und das Hintergrundbild, abrufbar unter www.hotel-newsroom.de/twitter/rechtsfragen-rund-um-twitter-1/

Nieland, H. (2010): Störerhaftung bei Meinungsforen im Internet – Nachträgliche Löschungspflicht oder Pflicht zur Eingangskontrolle?, in: NJW 2010, S. 1494-1499.

Roggenkamp, J. D. (2010): Web 2.0 Plattformen im kommunalen E-Government, 2010.

Karavas, V. (2007): Digitale Grundrechte, 2007.

Müller, P. (2008): Public Policy 2.0 – Mehr als nur Hype. Zeitschrift für Politikberatung.

Müller, P. (2009): Von Facebook Lernen. Verwaltung Innovativ. Ausgabe 06/2009

Literaturhinweise

Müller, P. (2009): "Open Value Creation as a Strategic Management Approach". In: Gøtze, John and Christian Bering Pedersen (eds.). State of the eUnion. Government 2.0 and onwards. 18 November 2009.

Müller, P. (2012). Machavelli.net – Strategie für unsere offene Welt. Frankfurt/Main: Scoventa.

Müller, P., van Hüllen, S. (2012). A Revolution in 140 Characters? Reflecting on the Role of Social Networking Technologies in the 2009 Iranian Post-Election Protests. Policy & Internet, Vol. 4, No. 3-4, 2012

Schulz, S. E. (2011): Social Media Guidelines für die öffentliche Verwaltung, in: Schliesky/Schulz (Hrsg.), Transparenz, Partizipation, Kollaboration – Web 2.0 für die öffentliche Verwaltung, 2012, S. 121-162.

Schulz, S. E., Hoffmann, C., Brackmann, F. (2011): Web 2.0 in der öffentlichen Verwaltung: Twitter, Facebook und »Blogs« aus rechtlicher Perspektive, in: Schliesky/Schulz (Hrsg.), Transparenz, Partizipation, Kollaboration – Web 2.0 für die öffentliche Verwaltung, 2012, S. 163-208.